사장을 꿈꾸는 당신에게
이용기의 사장 수업

사장을 꿈꾸는 당신에게

이용기 지음

이용기의
사장 수업

매일경제신문사

들어가는 글

사업을 해서 돈도 벌고 성공하기를 원하는 사람이 많습니다. 그러나 사업에는 많은 리스크가 있습니다. 특히 '사느냐 죽느냐' 의사결정을 해야 할 때, 사장의 고뇌가 깊어집니다. 불안과 두려움, 스트레스를 안고 살아가기 일쑤입니다. 세상은 빠르게 진화해갑니다. 시시각각 변하는 트렌드에 맞추려면 사장도 공부를 게을리할 수 없습니다.

2002년, 다니던 회사가 M&A되어 갑자기 퇴직하게 되었습니다. 준비 없이 사업을 시작했습니다. 여러 가지 문제에 맞닥뜨릴 수밖에 없었습니다. 21년 사업을 하는 동안 성취의 기쁨도 있었지만, 질곡의 아픔도 겪었습니다.

최종 의사결정을 해야 한다는 부담이 있었습니다. 저의 경우, 큰 결정 앞에서 늘 불안하고 두려웠습니다. 상대가 나보다 강하다고 판단되면 겁이 났습니다. 그런 거북한 기분이 드는 스스로를 작은 사람이라고 비하했습니다. 자괴감이 들어 주눅 들기도 했습니다. 어떨 때는 졸렬하게도 나보다 약한 자에게 분풀이하는 것으로 갚아주었습니다.

사소한 일에 감정이 상해 큰일을 그르치는 일이 많았습니다. 감정이 상하면 냉정하게 보지 못하고 올바른 판단을 하지 못했습니다. 이때의 열패감과 무기력, 긴장감, 조마조마한 심리를 몸소 겪어본 사장들은 잘 알고 있을 것입니다. 스트레스가 심하고 조바심 나는 상태가 많았습니다. "짜증 나 미치겠다", "아이고, 죽겠네"를 입에 달고 살았습니다. 바쁘고 고단하다는 말, 남을 탓하는 말만 되풀이하고 푸념했습니다. 이런 부정적인 심리는 경영의 어려움을 초래하는 빌미가 되었습니다.

매출에서 부침이 심했습니다. 지속적인 적자로 절박한 순간도 있었습니다. 사채를 빌려 급여를 주기도 했고, 사기를 맞아 큰돈을 잃기도 했습니다. 10년의 호황기를 거쳤지만 2017년부터 사기 먹튀를 당하게 되었고, 100여 명이 넘는 사람들에게 수십억 원의 돈 떼임을 당했습니다. 여러 번, 국세청 감사를 받는 어려움도 겪었습니다. 사기꾼을 고소하고 경찰, 검찰 수사를 진행했습니다. 사기꾼 일부를 투옥시켰지만, 분노는 가라앉지 않았습니다. 집에서 혼술을 마시기 시작했습니다. 아침부터 마시는 해장술이 잦아졌습니다. 점점 알코올의 늪에 빠져 병원 치료가 필요한 지경에 이르렀습니다. 남을 탓하고 불안, 초조, 자기 연민을 느끼는 알코올중독자의 성향이 나타났습니다. 회사는 스태프인 임원들에게 맡기고 술독에 빠져 도망치는 나날이었습니다.

재작년, 알코올 치료를 받은 이후 의식개발 프로그램, 명상에 참여해 마음공부를 했습니다. 분노와 참담함의 뿌리에는 열등감과 수치심이 있었습니다. 강한 사람 앞에서는 주눅이 들다가도 약한 자를 무시하는 추악한 모습을 발견했습니다. 탓하는 습성을 버리려고 노력했습니다. 잘난 척, 가진 척, 배운 척, 남다른 척하며 과시하는 행동을 최대한 줄이려고 노력했습니다. 가족, 직원 누구든 내 마음대로 통제하려는 마음도 내려놓으려고 노력하며 살아가고 있습니다.

2020년, 코로나가 덮쳤습니다. 매출이 반토막이 났습니다. 두 번의 구조조정을 통해 직원과 사무실을 줄이고 군살 빼는 경영으로 변화를 시도했습니다. 단주하는 삶으로 바꾸었습니다. 2022년부터 마스크를 벗으며 다시 재기의 날갯짓을 시작하고 있습니다. 코로나로 인해 무너지는 것은 한순간이었지만, 회복하기까지는 제법 오랜 시간이 걸릴 것입니다.

사업을 꿈꾸는 사람이라면 철저한 사전 준비가 필요합니다. 트렌드에 맞는지, 연착륙이 가능한 사업인지 등의 시장 분석이 필수입니다. 마인드를 갖추는 것도 중요합니다. 너그러운 마음가짐, 인재 관리의 중요성, 변화에 대응하는 자세 등 갖추어야 할 덕목이 많습니다. 사업을 하다 보면 위기도 오고, 난관에 봉착하기도 합니다. 피하지 말고 당당하게 대처하는 리더의 역량이 필요합니다. 자신만의 가치, 브랜드를 만들어야 합니다. 세상은 빠르게 변합니다. 디지털 문화가 전 업종에 들어오고 있습니다. 유통의 메커니즘도 변해갑니다. 사장이라면 자기만의 차별화가 필수입니다. '나'라는 브랜드를 만들어야 사업에서 성공할 수 있습니다.

사장도 사람입니다. 스트레스, 분노, 불안, 초조, 슬픔, 두려움, 지루함, 절박함, 고단함, 탈진, 무기력을 경험합니다. 그때마다 기분대로 표출해서는 안 됩니다. 나쁜 감정은 다스려야 합니다. 대인관계를 소홀히 할 수 없는 사장에게 감정의 섣부른 표현은 독이 되기 쉽습니다. 감정은 전염성이 강합니다. 특히 부정적인 감정은 더 빠르게 전염됩니다. 사장의 감정은 회사의 매출과 수익으로 고스란히 나타납니다.

작은 습관의 차이가 성패를 가릅니다. 예를 들어, 메모하는 습성의 유무가 판이한 결과를 빚을 수도 있습니다. 불안해서 안절부절못하는 모습을 직원들 앞에서 보이거나 나쁜 어투로 표현하는 습관이 있다면 성공하기 어렵습니다. 말과 행동이 중요한 덕목의 하나입니다.

아무리 경영역량이 높다 하더라고 인성을 갖추지 않으면 소용이 없습니다. '정도(正道) 경영'을 하지 않으면 도태됩니다. 그런 회사는 오래 갈 수 없습니다. 소비자가 똑똑해지고 있습니다. 국세청 등 공공기관의 검증시스템이 좋아져 편법이 사라져갑니다.

마라톤을 할 때, 다른 사람의 속도에 맞추어서 뛰면 완주하는 데 도움이 된다고 합니다. 하지만 누군가에게 뒤처지면 안 된다는 생각을 가지고 뛰면 힘도 들고, 숨을 고르면서 뛰기 어려워집니다. 결국 완주하지 못하고 중도에 포기할 가능성이 커집니다.

4차 산업혁명 시대가 오더라도 감성으로 소통하는 회사, 사람을 중시하는 회사가 마지막까지 살아남을 것입니다. 사람들에게 아직은 생소하지만 몇 달 전, 챗 GPT가 나와 기계와 대화하는 AI 시대가 도래할 것이라고 말하는 전문가가 많습니다. 그래도 AI에게 허락되지 않는 영역이 있습니다. 바로 마음을 이해하는 공감력과 휴먼 터치입니다. 사장에게 사람들을 이끄는 설득력과 리더십이 필요한 이유입니다. 이제는 살아남기 위해서 직원을 회사의 주인공으로 만들어야 합니다. 현장에 답이 있습니다. 직원과 소통하고 현장과 호흡하는 경영자가 성공하게 될 것입니다. 사장으로서의 덕목과 자질을 갖추는 것은 두둑한 사업자금을 만드는 것 못지않게 필수 불가결한 요소입니다.

성공을 다룬 책이 많습니다. 커다란 성공을 거둔 사람들의 이야기에 귀를 기울여야 합니다. 그 사람들의 사례는 생생한 경험이자 자산이 됩니다. 어떤 사업이든 위험이 따릅니다. 위험 요소를 하나하나 헷지하면서 경영해야 합니다. 사장이라면 너그러운 마음가짐, 좋은 인성 또한 무조건 갖추어야 합니다. 멘토, 좋은 책, 선배들의 경험을 내 것으로 만들어 사업에 성공하는 경영자가 되어야 합니다.

《백만장자 시크릿》의 저자 하브 애커(T. Harv Eker)는 부자가 되려면 부자들을 감탄하고 축복하며 사랑하라고 했습니다. 사장도 마찬가지입니다. 직원과 고객에게 감탄하고, 그들을 축복해주며, 사랑해야 합니다. 그러면 성공이라는 열매는 고스란히 회사와 사장이 얻게 될 것입니다.

나를 쓰고, 나를 남기는

이용기

CONTENTS

제4장

사장님 마음 일기

이용기의 사장 수업

제1장

어쩌다 사장

퇴직이라뇨

당신이 할 수 있는 최고의 일은
당신이 좋아하는 일을 하면서 돈을 버는 것이다.

개리 베이너척(Gary Vaynerchuk)

소문 그대로였다. 증권가에 지라시가 돌더니 신문과 TV 헤드라인 뉴스로 도배되었다. 희대의 사기꾼 '진승현 게이트'가 터졌다. 회사는 주식을 담보로 그에게 600억 원을 빌려주었다. 담보로 제공받았다는 주식도 실물이 없다고 했다. 한 푼도 돌려받을 수 없었다. 계열사인 증권사도 그에게 수백억 원을 물렸다.

당시, 정부 당국은 산업 전반에 걸쳐서 구조조정을 하는 모습을 국제통화기금(IMF)에 보여주어야만 했다. IMF가 채권자로서 갑의 위치에 있었다. 가뜩이나 IMF 눈치를 보던 정부 당국에 우리 회사는 구조조정 명분을 세울 먹잇감이 되었다.

BIS비율이 8%에 미달하는 은행을 외국에 매각하고, 부실 은행과 지방 은행을 큰 은행에 헐값으로 넘기는 통폐합이 한창이었다. 국가 주도 하에 기업 간 주력산업을 서로 교환하는 빅딜도 단행되었다. IMF 사태를 극복한 대통령이라는 명예를 얻기 위해 기업과 금융권 구조조정을 거침없이 몰아붙였다. 사상 초유의 IMF 사태로 정치권과 가까운 기업 집단이 빅딜을 통해 득을 보는 상황으로 진행되었다. 기업 간, 금융회사 사이에도 부익부 빈익빈의 양극화가 나타나고 있었다. 달러 무기를 장착한 해외 자본이 일시적으로 자금 사정 나빠진 알짜 기업을 헐값에 먹어 치우고 있었다.

우리 회사의 계열사인 종합금융사는 국내에서 유일하게 BIS비율 20%가 넘는 우량회사였다. '진승현 게이트' 보도가 나가자 고객들의 예금인출요청 사태가 벌어졌다. 많은 담보 채권을 가지고 있어도 만기가 도래해야 회수할 수 있었다. 예기치 않고 있다가 고객의 인출요청이 쇄도했다. 당장 반환할 자금이 준비되어 있지 않았고 속수무책이었다. 결국, 넉넉한 자산을 갖고도 일시적인 자금 위기를 견디지 못해 '유동성 부도'가 나고 말았다. 이른바 '뱅크런'이라는 초고속 인출 사태의 피해회사가 되었다. 그룹 전체가 무너졌다. 보험, 증권사 2곳, 종합금융, 상호신용금고, 자산운용 등 그룹이 해체되며 싼값에 여기저기 팔리고 말았다.

금융감독원에서 우리 보험회사에 파산관재인을 파견했다. 몇몇 기업이 인수 의사를 밝혔지만 끝내 무산되었다. 2년을 질질 끌다가 결국, 다른 회사에 흡수 합병되었다. 대리급 이하 직원들을 제외한 중간관리자 이상의 직원들은 고용승계가 되지 않았다. 대부분의 직원들이 갑자기 퇴직을 맞이하게 되었다. 2002년, 우리 나이 40살에 맞이한 나의 현실이었다. 아이 둘은 초등학교 2학년, 1학년이었다. 2년 전, 아내가 맞벌이를 시작해 그나마 다행이었다. 게다가 철 밥통으로 불리는 공무원이라 더욱 든든했다. 나는 진로에 대해 고민을 거듭했다.

고등학교 선배로부터 취업 의뢰를 받았다. 골판지 박스를 만드는 회사의 임원 자리였다. 충북의 시골 오지에 소재하고 있어서 가족과 떨어져 지내야 했다. 근무지도 멀었지만, 남의 밑에서 일하는 것에 싫증을 느꼈던 나는 거절하고 말았다.

1999년 IMF의 끝물 시기, 코스닥 시장에 닷컴주 광풍이 불었다. 모든 돈을 코스닥 두 종목에 올인해 투자했고 거의 다 잃었다. 2억 원의 투자 원금이 몇백만 원으로 쪼그라들었다. 퇴직할 때 재산이 용인에 전세 놓은 아파트 한 채밖에 없었다. 원주에 살고 있던 아파트도 회사 사택이라 반납해야 했다. 용인에 있는 아파트를 팔아 원주의 아파트를 매입했다. 결국 원주 아파트 한 채만이 남았다. 그것도 대출을 받아 매입했으니 순자산은 1억 원 남짓이었다. 그나마 든든한 아내의 직장 덕에 당장 생계 걱정은 없었다. 목돈 들어가는 사업이 아니라면 새롭게 도전해볼 만하다고 생각했다.

회사 다닐 때 평판이 좋지 않았다. 8년간 본사에 근무하면서 영업직원의 인사와 예산을 담당했다. 직급에 비해 영향력 있는 업무를 맡았었다. 무소불위의 권력으로 끗발을 부렸다. 전국에 있는 지점장, 단장들도 나에게 잘 보여야 예산을 확보할 수 있었고, 부하직원들을 승진시키기 쉬웠다. 담당 임원의 비호와 총애 속에 나는 시건방을 떨었다. 시샘하는 세력이 늘어났고, 다른 사람들의 비난을 받는 존재가 되었다.

결국에는 8년 만에 지방으로 좌천되었다. 부산사업부 지원과장을 거쳐 영남권 사업본부 팀장을 맡았다. 지방 근무가 내키지는 않았지만, 맡겨진 업무에 충실했다. 발로 뛰며 진심으로 사람들을 대하고 영업을 독려했다. 예산을 공정하게 사용하자 매출이 오르기 시작했다. 숫자(영업실적)를 최고의 고과 판단 기준으로 여기는 시대였다. 1998년, 강원도의 최고 책임자로 승진했다. 만 나이 36살, 입사 10년 차의 초고속 승진이었다. 그러자, 감추어져 있던 시건방이 되살아났다. 기죽어 있던 마음도 다른 사람들에게 분출되었다. 회사생활 14년을 때로는 승승장구하기도 하고, 어떨 때는 의기소침하기도 하며 파란만장하게 보냈다.

M&A라 하더라도 회사는 망한 거나 마찬가지였다. 2~3만 원 하던 주가가 1년 만에 200원이 되었다. 3,000주의 우리 사주를 가지고 있었지만 휴지 조각이 되었다. 7,000만 원을 들여 매입했던 회사 주식은 60만 원이 되었다. 잠든 아이들을 보면 답답했다. 주식 투자로 돈을 잃어 텅 빈 통장을 쳐다봐도 한심했다. 다니던 회사에서 사장까지 올라가 보려고 충성을 다했지만, 회사가 없어졌으니 더는 하소연할 데도 없었다. 다른 회사에 들어가는 것도 IMF 한파의 후유증을 겪고 있던 시장 여건상 쉽지 않았다. 아내와 식탁에 앉았다.

"같이할 사람이 10명도 안 될 것 같아. 일단, 회사에서 권OO과 이OO을 스태프로 고용하려고 해."

"돈은 안 들어갈 거야. D화재보험 단장이 사무실을 무상으로 지원해준다네."

"대출은 안 받을 거야. 아버지 빚 때문에 고생해서 대출이라면 넌더리 내는 거 당신도 알잖아. 딱 1년만 해보고 안 되면 다른 데 취업할게."

내 말을 들은 아내가 선뜻 응낙했다. 제대로 된 사업구상 없이 같이하겠다는 몇 명과 함께 주먹구구식으로 사업을 시작하게 되었다.

사업을 시작하려고 하자 사람들이 본색을 드러냈다. 내 앞에서 기도 펴지 못하거나 맞서지 않던 사람들이 뒤에서 욕을 하고 나쁜 소문을 퍼트렸다. '젊은 사람이 예의가 없다', '시건방지고 말이 거칠다'라는 나에 대한 나쁜 소문이 돌았다. 주어진 권한을 남용하고, 사람들을 무시했던 죗값을 톡톡히 치르게 되었다. 나쁜 소문 때문인지 사람들이 주변에 모이지 않았다. 하는 수 없었다. 미미하게 시작하는 수밖에.

회사에 다니면서 욕먹는 것을 무릅쓰면서까지 젊음을 불사르며 일했다. 가장 높은 최고경영자까지 오르려고 애쓰던 샐러리맨 '나'의 인생은 끝나고 말았다. 작은 회사지만 사장이 되었다. 급여를 받던 자리에서 주는 자로, 중간관리자에서 최종 책임을 지는 사장으로 바뀌었다. 어쩌다 보니 준비 없이 사장이 되었다.

월드컵 4강 열기가 채 식지 않은 2002년 7월의 일이었다.

50만 원으로
회사 설립

용기는 두려움에 대한 저항이지,

두려움이 없다는 것은 아니다.

마크 트웨인(Mark Twain)

　빠른 시간 내에 기틀을 잡아야 했다. '어디에 사무실을 차리고, 어떻게 해야 수익을 낼 수 있을까?'를 고민하다가 원주에 있는 보험회사 책임자들을 만났다. 손해보험협회 원주지부가 주관하는 '보우회'라는 모임에서 매달 만나 술 마시고 화투를 치던 사이였다. 사업을 시작하려고 하는데, 사무실을 무상으로 제공해달라고 요청했다. 그들은 갑작스러운 퇴직을 안타까워했지만 몇 마디 위로가 끝이었다. 응원할 테니 잘해보라는 빈말만이 건너왔다. 그러던 중, D화재보험 단장이 30평 공간을 무상으로 쓰게 해주겠다고 응낙했다. 반대급부로 약간의 실적을 올려주기 원했다.

　다니던 회사에서 2명을 고용했다. 일단, 각각 80만 원의 월급을 주기로 했다. 다니던 회사보다 형편없는 금액이었지만, 당시 자영업 사무실의 직원 급여가 그 정도 수준이었다. 중고 에어컨과 책상 등 20세트의 집기를 50만 원에 구매했다.

회사를 설립하고 등기가 나오기까지는 시간이 부족했다. 지인에게서 운영하지 않던 휴면회사, 일종의 페이퍼컴퍼니를 공짜로 넘겨받았다. 당시에는 법인을 설립하는 데 두 달이 걸렸다. 같이 시작하는 사람들에게 회사를 설립할 테니 영업하지 말고 기다리라고 우길 수 없었다. 그들에게 영업소득은 생계와 직결되는 문제였다. 설계사 6명이 함께하기로 했다. 원주에 4명, 강릉에 1명, 삼척에 1명이었다. 대표 1명, 스태프 2명, 영업직원 6명, 총 9명이 제대로 된 준비도 없이 맨땅에서 시작했다.

초기 몇 달이 성패를 가를 중요한 시기라고 생각했다. 본사에 근무할 때 전국 지점에 출장이 잦았다. 그때의 인맥을 활용하는 것이 무엇보다 중요했다. 전국에 있는 영업조직들을 일일이 찾아다니며 만났다. 사업 구상과 커미션 규정, 운영 메커니즘에 대해 설명하고 설득했다. 지역을 가리지 않았다. 본사에 근무할 때, 과하게 권한을 휘두른 탓에 사람들을 내 편으로 만들기 쉽지 않았다. 그래도 진심을 담아 사람들을 대했다. 그렇게 두 달을 보냈다. 매일 새벽같이 일어났고, 일주일에 5일을 외지에서 보냈다. 주말과 명절 연휴에도 지방을 전전했다. 그 결과, 두 달 만에 보험설계사를 100명 넘게 영입했고 7개의 지점을 오픈했다. 지역마다 30평을 넘지 않는 소규모로 사무실을 오픈하고, 보증금 500만 원 정도의 값싼 사무실을 임차했다. 아내 몰래 가입했던 보험을 해지했다. 3,000만 원의 환급금이 나왔다. 사무실 임차보증금으로 사용했다. 집기는 중고로 구입했고 복사기는 임대로 사용했다. 매출은 기하급수적으로 신장했다. 첫 달 영업실적 2,000만 원이 두 달 만에 5억 원을 넘어서게 되었다.

법인대리점이 많지 않았다. 강원도에 2개가 전부였던 시절이었다. A보험회사 단장이 찾아왔다. 두 달 전, 건조한 목소리로 "건투를 빌게요"라고 말했던 사람이었다. "우리 회사와 대리점계약을 체결해주세요. 본사에서 증원하라고 들볶여서 죽을 맛입니다", "실적이 쪼여서 미치겠어요. 코드 나오면 조금만 넣어주세요." 상황이 바뀌었다. 단숨에 실적이 급등할 줄 몰랐을 것이다. 얼마 못 견디고 망할 거라고 생각했을지도 모른다.

"실적이 얼마나 필요한가요?"

그가 한숨을 쉬며 말했다.

"자동차보험 1,000만 원도 지금 우리에게는 단비 같은 실적입니다. 2,000만 원이면 더욱 좋고요."

코드가 나왔다. 다음 달에 2억 원의 실적을 넣어주었다. 난리가 났다. 1,000만 원이면 만족한다고 했는데, 2억 원이 들어왔으니 놀라지 않겠는가? 본사에서 상무가 내려왔고, 같이 골프 치자는 연락이 왔다.

다시 몇 달이 지나갔다. B보험회사 지점장이 찾아왔다. 청주 선배라는 이야기를 듣고 무작정 찾아왔다며 사무실 문을 두드렸다. 그도 1,000만 원의 자동차보험 실적을 원했다. 대리점 계약을 맺고 다음 달

2억 원의 실적을 넣었다. 이 회사는 업계에서 하위권을 맴도는 회사였다. 난리가 났다. 나를 찾아왔던 지점장은 전국 순위 150위에서 1위가 되었다. 실적이 부진해서 회의 때마다 고개 숙이고 있던 사람에서 귀한 존재로 부상한 것이었다.

초기 무주공산이었던 시장을 선점하는 데 성공했다. 경쟁이 심하지 않아 연착륙하기 좋은 시기였다. 당시, 한 회사에 소속되어 그 회사 상품만 판매하는 영업은 이미 한계에 부딪혀 있었다. 모든 회사를 거래하는 GA(법인 보험 대리점) 영업은 신세계를 보는 듯했을 것이다. 그들의 가려운 부분을 긁어줄 틈새시장을 적기에 노리고 파고든 결과였다.

사업에 뛰어들 때, 두려움이 많았다. 가족의 생계와 아이들의 미래에 대한 막연한 두려움이 있었다. 하지만 운이 좋았다. 좋은 시기에 시장에 진입한 것이다. 작은 노력으로도 크게 얻을 수 있는 시절이었다.

그럼에도 불구하고, 지금 초기 GA를 운영하던 멤버들이 거의 남아있지 않다. 도산했거나 경쟁에 밀려 도태되었다. 한 업종에서 꾸준히 20년 이상을 지탱한다는 것이 얼마나 어려운지 여실히 보여준다. 어떤 사업이든 부침이 있고 위기에 봉착한다. 난관에 부딪힐 때 이겨내거나 견뎌내야 생존하는 것이다. 어떤 사업이든 마찬가지다.

두 달 만에 손익분기점이 왔다. 아내 모르게 가입했던 보험을 해지했지만, 임차보증금에 투자되었으니 날린 돈이 아니었다. 매월 200만 원을 납입하는 저축보험에 새로 가입했다. 사업에 재투자하고 남는 돈을 저축보험에 가입해 자산을 늘려나갔다. 몇 년 뒤 가장 많은 보험료를 낼 때는 월 5,000만 원을 납입하기도 했다.

사무실을 계약한 후 집기 비품과 컴퓨터를 들여놓고 나면 전기, 전화, 인터넷을 연결해야 했다. 사무직원도 채용해야 했다. 며칠 동안 모텔에 투숙하며 사무실의 제반 인프라를 만들어주고 돌아와야 했다. 열정 넘치게 일한 시기였다.

기초 공사를 잘한 건물은 쉽게 무너지지 않는다. 사업도 마찬가지다. 나의 경우, 초기의 노력이 주춧돌이 되었다. 나중에 수십 개의 지점이 생겼지만, 첫해에 만든 10여 개의 지점망, 100~200명의 영업 가족은 사업하는 내내 대들보 같은 역할을 했다. '물 들어올 때 노 저어라'라는 말이 있다. 사업 시작하는 시점이 제대로 맞아떨어진 것이다.

사람 복도 있었다. 좋은 사람들이 들어왔고 서로 한마음이 되었다. 공인중개사 없이 〈교차로〉 신문을 보면서 이곳저곳 함께 사무실을 보러 다니고, 같이 청소도 하면서 소속감을 키워나갔다.

빠른 기간에 지점을 늘려나갈 수 있었던 원동력은 진정성 있는 마음과 비전 제시였다. 진심으로 대하면서 겸손한 마음을 보여주었고, 상생하는 비전을 제시했다. 이것이 사람들 마음을 움직였고, 회사는 견고한 기틀을 만들어갈 수 있었다. 식당에 가면 '시작은 미약하나 끝은 창대하리라'라는 액자가 많이 걸려 있다. 지금 생각해보면 나를 한마디로 정의해주는 문장이라고 말할 수 있다. 당시, 회사 기틀을 만들어가던 시간을 되돌아보면, 감히 경영은 '사람과 비전이 전부'라고 정의해도 될 것이다.

매출도 늘고
식은땀도 늘고

당신이 땀을 흘릴 때, 당신은 내면에서 나오는
진정한 힘을 경험하고 있는 것이다.

마이클 조던(Michael Jordan)

출근해서 일하는 게 즐거웠다. 사장이라는 직업이 적성에 맞는다고
생각했다. 인풋이 있으면 몇 곱절의 아웃풋이 생겼다. 공들인 것보다
큰 결과가 나오면 희열이 느껴졌다. 자투리 시간도 아까웠다. 우선순
위를 매겨 사람을 만나야 할 만큼 바빴다. 회사에 꼬인 문제를 실타래
풀 듯 풀어주고 나면 기분이 후련했다. 일을 하나하나 완수하는 것이
어찌 신나지 않겠는가. 일거리 하나하나가 소중했다.

기세를 잡았다. 성장세였다. 한 달 한 달 마감을 할 때마다 매출이
오르고 보험설계사 수도 늘어났다. 사업 초기 몇 달이 회사의 기틀을
잡은 변곡점이 되었다. 당시의 습관 몇 가지를 살펴본다.

첫째, 시간을 아꼈다. 일도 많고 여러 사람을 면담하느라 진땀이 흘

렀다. 시간이 모자랐다. 지방으로 이동하는 시간은 될 수 있으면 야간을 이용했다. 다음 날 약속이 있는 곳의 근처 모텔에서 대충 자고 그곳에서 바로 일정을 수행했다. 온종일 시간을 쓰는 게 아까워서 골프를 그만두었다.

둘째, A4용지를 8조각으로 접어서 메모했다. 왼쪽 4조각 안에 4일 치의 날짜를 적고, 오른쪽 조각에는 끝내지 못한 일을 옮겨 적었다. 끝낸 일을 하나씩 메모장에서 지우면 일을 완수했다는 뿌듯함이 생겼다. 사소한 일이라도 완수한 일을 하나씩 지우면 해냈다는 성취감이 생겼다.

셋째, 약속 시간을 엄수했다. 미리 도착할 수 있도록 여유 있게 출발하고 10분 전에 미리 앉아 기다렸다. 어떻게 이야기를 꺼낼 것인지 곰곰이 머릿속에 정리했다. 이야기를 전개해나갈 키워드를 미리 메모해두기도 했다. 성공하려는 사장에게 시간 약속을 지키는 것은 무엇보다도 중요한 덕목이다.

넷째, 선물 비용을 아끼지 않았다. 안 해도 될 만한 사람에게도 명절 선물을 보냈다. 직원들이 지나친 것 아니냐고 말할 정도였다. 세상은 돌고 돈다. 떠난 사람이라도 다시 만날 수 있고, 우리 회사로 돌아올 수 있다. 사람과의 관계는 사업을 하는 데 가장 중요한 자산이다.

다섯째, 언행일치를 브랜드로 만들었다. 사업을 하면서 한번 뱉은 말은 무슨 일이 있어도 지켜야 한다고 정했다. 이것을 나의 브랜드로 만들었다. "성미 급하고 다혈질이어도 OOO는 믿을 만한 사람"이라는 평을 들으려고 노력했다.

2004년에 있었던 이야기다. 최대 손해보험사인 S화재에서 GA를 대상으로 '연도 대상' 시책이 걸렸다. 1년 동안 자동차보험 실적 50억 원을 달성하면 SM3 차량을, 100억 원을 달성하면 SM7 차량을 준다는 것이었다. 가만히 따져보니 SM3 정도는 받을 수 있을 것 같았다. 그런데 아는 선배의 제의를 받았다. 같은 회사 출신으로 비슷한 시기에 GA를 차린 선배였다. 매출이 나의 1/3 정도였다. 전 회사를 골고루 거래하는 나와 다르게 S화재만 전속으로 거래했다. 같이 한 코드를 사용해, SM7을 받아서 자기가 먼저 3년을 타고 차를 인도해주면, 3년 뒤부터는 내 소유로 하라고 했다. 선배의 제의에 기분 좋게 응낙했다. 1년 뒤 SM7이 나왔다. 전국에 SM7 시상 대상자가 3명이고, SM3 7명이 시상 대상에 해당했다. 우리가 달성한 100억 원의 실적 중 내가 60%, 선배가 40%를 차지했다. 만약 각각 도전했더라면 나만 SM3에 해당되고 선배는 받지 못했을 것이었다.

3년이 지났다. 선배는 차 소유권을 넘겨주지 않았다. 왜 안 주냐고 따져도 소용이 없었다. 둘의 관계는 깨졌고, 지금까지도 서로 연락하지 않는다. 차를 돌려받는 것도 중요하지만, 철석같이 믿었던 선배에게 이용당한 것 같아 기분이 나빴다. 찻값은 크게 중요하지 않았다. 당시 내 사업이 호황을 구가할 때여서 찻값 정도는 열흘이면 벌 수 있었다. 하지만 선배에게 배신당한 마음에 상처를 입었다.

10여 년 뒤에 이런 배신을 비일비재하게 당하게 된다. 책 뒷부분에 그 이야기가 자세히 나올 것이다.

사업 초기 몇 년은 내 인생에서 가장 역동적인 시기였다. 하루도 바람 잘 날 없이 사건·사고가 일어났다. 사람들과 현장에서 부대끼는 나날이었다. 2004년, 서울에 진출하면서 회사는 제2의 도약을 하는 계기가 된다. 충무로 작은 사무실에서 시작했지만, 몇 달이 지나지 않아 100평 규모의 용산 사무실로 이전했다. 서울 다른 지역에도 사무실을 오픈하면서 매출은 계속 치솟았다. 사람들이 늘어나자 크고 작은 일들이 생겨났다. 같은 사무실 사람들끼리 다투고 반목하는 일이 많았다. "저 사람하고는 같이 근무할 수 없으니 다른 사무실로 옮겨주세요.", "저 사람을 다른 데로 보내주세요", "저 남자 이상해요. 치근덕거려요", "업무직원이 사납고 쌀쌀맞아서 일하기 싫어요." 가지 많은 나무에 바람 잘 날 없다고 딱 그 꼴이었다. 원주에 거주하면서 다른 지역에 여러 사무실을 운영하는 데 어려움이 많았다. 부득이 서울 지역에 본부장을 한 명 고용했고 공동CEO, CFO, COO 등 계속 임원을 늘려 업무를 분담해야 했다.

사람을 관리하는 것은 어려웠다. 보험은 눈에 보이는 상품이 아니다. 그래서 보험 산업을 인지(人紙) 산업이라고 한다. 물건이 없이 사람과 종이만 있다는 말이다.

성공이나 경영을 다룬 책을 보면, 사람이 얼마나 중요한지 알 수 있다. 한 사람이 조직 전체를 해칠 수도 있고, 한 사람이 회사를 위기에서 구할 수도 있다. 디지털시대, AI시대에 온통 세상이 바뀌는 것처럼 이야기해도 사람의 가치는 다른 것으로 대체할 수 없다. 다른 사람과 공감하는 능력은 성공과 실패를 가를 정도로 중요한 것이고, 인류가 존재하는 한 변하지 않을 것이다.

매출이 늘어가면서 보험설계사 수가 늘어나니 이름을 외우기 바빴다. 한참 설계사가 많을 때는 이름을 아는 사람보다 모르는 사람이 많았다. 그래서 OO지점에 방문할 때, 미리 직원들 조직도를 보고 이름을 외웠다. 남편이 없는 사람에게 남편의 안부를 물으면 결례였다. 당연히 잘 모르는 개인적인 내용은 함구했다. 그리고 축하받을 일이 있는 사람에게는 방문 전에 기억했다가 말을 건네 축하해주었다. 당연히 그 설계사의 사기가 올라갔고, 더욱 힘내서 영업하게 하는 부수적인 효과가 있었다.

매출이 늘어 신나게 일했다. 힘이 들어도 공을 들인 만큼의 효과가 나오니 기분 좋았다. 사장의 에너지가 확산되어 직원들에게도 영향을 주었고, 회사도 번창할 수 있었다.

강강약약 / 강약약강

강한 사람은 삶을 지배한다.
약한 사람은 삶에 지배당한다.

미셸 오바마(Michelle Obama)

어떤 이들은 '강강약약 형'의 사람들을 '꼴통'이라고 표현한다. 하지만 이들은 다른 사람 대신에 총대를 메고, 약한 자 앞에서 위세를 부리지 않는다. 이런 성격을 가진 사람은 의로운 일을 하는 사람이 많다. 쉽게 찾아볼 수 없는 유형이다. 안중근 의사나 김근태 전 국회의원 같은 사람이 이런 강강약약의 유형이라고 말할 수 있을 것이다. 소시민적 사고를 가진 나 같은 사람은 감히 범접할 수 없는 이타적인 인물상이다.

강한 척 행동하는 사람들 중에 강자에게 약하고, 약자에게 강한 사람이 많다. 이를 '강약약강'이라고 한다. 이 유형은 상대가 자신보다 강하면 두려움을 느끼고, 자신보다 약한 자를 무시하는 것으로 분풀이한다. 스스로 힘이 없는 사람이라는 자괴감에 빠져 주눅 들기도 한다.

나와 비슷한 유형이다.

사업에서 '강강약약'이라고 표현할 수 있는 유형은 어떤 것일까? 내가 운영하는 회사에서 분사해 회사를 차려 성공한 케이스가 있다. 이 회사의 대표도 M보험회사에서 사업부장을 역임한 사람이었다. 대구, 포항, 서울에서 책임자 생활을 했다. 무슨 이유였는지 알 수 없지만, 20년 이상 다닌 회사를 퇴직하고 운수업에 손을 댔다. 얼마 버티지 못하고 부도를 냈고 교도소 생활을 했다. 그러다 출소 후 나를 찾아왔다. "생계를 위해 돈을 꾸어주세요", "을지로에 사무실 50평 정도를 얻어주세요. 설계사를 모아서 영업해보겠습니다", "1~2년 후에 어느 정도 매출이 올라오면 분사하겠습니다" 삼국지에 유비(劉備)가 전쟁에서 패하고 형주로 찾아가 유표(劉表)에게 의탁하는 형국과 같았다. 세를 만들어 재기할 수 있을 때까지 남의 그늘에서 신세 지겠다는 구상이었다.

을지로 3가에 80평 규모의 사무실을 임차해주었다. 곧 사람들을 모으더니 매출이 올라가기 시작했다. 1년 만에 임차보증금과 나에게 빌린 돈 전부를 상환했다. 2년 만에 가산디지털단지에 있는 사무실을 분양받더니 그곳에 지점을 오픈했다. 은행대출을 받았다고 하지만, 2년 만에 건물주가 되었다. 이쯤 되니, 분사를 요청했고 내가 흔쾌히 받아들여 법인을 설립하게 되었다. 우리 회사에서 인큐 과정을 거치고, 2년이 지나 실제로 창업한 성공적인 사례였다.

분사하기까지 창업할 수 있도록 지원을 아끼지 않았다. 공치사라 일일이 나열하지는 않겠지만, 이게 '강강약약'의 사례가 아닐까 싶다.

약한 자에게 베풀고 결실과 공과를 빼앗지 않는 마음.

과연 나에게 사장의 DNA가 있는지 알 수 없었다. 하지만 '작지만 강한 기업 만들기'를 모토로 삼았다. 불황에도 흔들리지 않는 유보금 많은 회사를 '강소기업'이라고 부른다. 강소기업을 꿈꾸고 애써왔지만, 일관성을 유지하기는 쉽지 않았다. 잉여금 일부를 저축성보험에 가입했지만, 나머지 대부분의 잉여금을 사업에 재투자했다. 빠른 속도로 지점을 늘려나갔다. 이익이 생기는 족족 지점을 오픈하는 데 자금을 투입했다. 저축성보험에 가입해 쌓아놓은 유보금을 든든하다고 생각했지만, 큰 위험이 닥치자 턱없이 부족했고 다른 데에서 돈을 차용해 위기를 모면해야 했다.

6남매의 막내로서 부모님의 귀여움을 독차지할 수 있었지만 형, 누나의 시샘을 받았다. 형, 누나는 공부를 잘해 성적이 변변찮은 나를 '돌연변이', '다리 밑에서 주어온 녀석'이라고 놀렸다. 어린 시절 상처는 성격 형성에 영향을 미쳤다.

수치심이 많아지고 낯가림이 생겨났다. 이러한 마음은 방어기제를 만들었다. 내 것을 뺏기지 말아야 한다는 방어본능, 부끄러워하는 모습을 들키지 말아야 한다는 마음, 두려움을 감추려는 마음 등등을 고스란히 내면에 감추고 살았다. 결국, 강한 자 앞에서는 주눅 들고, 약한 자에게 화풀이하는 '강약약강' 유형의 사람이 되고 말았다.

2008년, 교차판매가 시작되었다. 생명보험설계사가 손해보험을, 손해보험설계사가 생명보험을 팔 수 있는 제도였다. 당시 내가 운영하는 서울 사무실에 400여 명의 생명보험설계사가 들락거렸다. 실손보험을 모집해서 GA에 파는 불법행위가 스스럼없이 자행되고 있었다. GA가 보험을 매집하는 행위였다. 계약을 사는 GA도, 파는 설계사도 불법을 자행했다. 범죄라는 인식 없이 사고파는 행위가 전국 어디든, 보험 시장에서 비일비재하게 벌어지고 있었다. '남들도 다 하는데…' 하는 안이한 마음에 시작한 매집에 400여 명의 생명보험설계사가 우리 회사에 보험을 팔려고 드나들고 있었다. 그러다가 교차판매제도가 시행되는 시점에 매집을 그만해야겠다고 결심했다. 그동안에도 마음 한편에 변칙이라는 죄의식이 있었다. 매집 조직을 내보내고 나니 매출이 반토막으로 줄어들었다.

"다른 GA들은 여전히 매집하는데, 우리만 정도를 걸을 필요가 있느냐?"라고 직원들이 말했지만, 듣지 않았다. 경제적으로는 큰 손해를 봤지만, 후회하지 않았다. 정확히 말하자면 손해를 본 게 아니고 부당이득을 포기한 것이었다. 강약약강 할 수도 있었지만, 과감하게 편법을 포기한 좋은 사례였다.

삐딱선을 탄 사람들을 도려낸 사례도 많았다. 직원들끼리 돈거래를 하는 사람은 실적이 많든, 적든 잘라버렸다. 상습적으로 술 취해 출근해서 풍기를 문란하게 만드는 사람도 내보냈다. '미꾸라지 한 마리가 강물을 흐린다'라는 속담이 있다. 사람들이 안심하고 일할 수 있게 해주는 것도 사장의 일이었다. 좋은 파장을 가진 사람들을 우리 회사로 모이게 만드는 것 또한 사장의 역할이었다. 강한 자 앞에서 당당하고 약한 자를 보살피는 '강강약약'의 마음. 어려웠지만 가져보려고 노력했다.

《탈무드》에 이런 말이 나온다.

"약하지만 강자를 두렵게 하는 것이 있다. 첫째, 모기는 사자에게 두려움을 준다. 둘째, 거머리는 물소에게 두려움을 준다. 셋째, 파리는 전갈에게 두려움을 준다. 넷째, 거미는 매에게 두려움을 준다. 아무리 크고 힘이 강하더라도 반드시 무서운 존재는 아니다. 매우 힘이 약하더라도 어떤 조건만 갖추어져 있다면 강한 자를 이길 수 있다."

무차입 경영과
레버리지 경영

자본은 수익을 창출할 수 있는 중요한 자산이지만,
부채는 그것을 더욱 큰 수익으로 만들어준다.

폴 새뮤얼슨(Paul Samuelson)

자산 대비 부채가 차지하는 비율을 '부채비율'이라고 한다. 타인자본(부채)을 자기자본으로 나눈 값이다. 공공기관을 포함한 2021년 국가채무는 1,427조 원으로 GDP 대비 69%다. 세계 4위다. 금융기관을 제외한 기업 부채비율도 GDP 대비 119%로 국가부채와 나란히 세계 4위다. 개인 빚 또한 위험한 수준이다. 가계부채는 2,245조 원, GDP 대비 106%로 세계 3위에 자리하고 있다. 나라도 기업도, 그리고 개인도 온통 빚의 늪에 빠졌다.

무차입 경영을 견지하는 기업들이 있다. 다른 기업들이 대출제도를 활용해 문어발식으로 사업을 다각화할 때, 차입 없이 생존한 기업들로, 태광그룹, 오뚜기, 풀무원, 남양유업 등이 대표적이다.

한때, 무차입 경영으로 재무구조가 탄탄했던 한국도자기의 예를 들어본다. IMF 한파 속에서도 감원하지 않고 70년 동안이나 회사가 건재했다. 그러나 얼마 전부터 과거의 명성을 잃고 있다. 그 이유는 첫째, 경영승계 과정이 순탄하지 못했다. 둘째, 시장 변화에 빠르게 대응하지 못한 결과 값싼 중국산 그릇에 밀리고 말았다. 무차입 경영이 바람직한 것은 맞지만, 시장의 변화에 대응하지 못하면 시장에서 밀리고 만다. 차입을 통해 설비 투자를 늘리고 확장에 필요한 비용을 외부에서 조달하는 것을 '레버리지 경영'이라고 한다. 부담하는 비용보다 부가가치로 얻는 수익이 크다면 당연히 레버리지를 활용해야 하는 것이 사업이다. 부채에 근거한 투자는 일반적인 투자 관행이다. 부채를 죄악처럼 보는 시각은 구시대적 관점이 되었다.

사업을 하던 아버지가 파산했다. 이것저것 손대는 것마다 망했다. 망한 후, 마룻바닥에 목침을 베고 신문을 보던 모습이 아직도 눈에 선하다. 내가 17살 때, 아버지는 사업에 실패한 화병으로 이승과 하직했다. 아버지가 사망하자 차용증을 들고 채권자들이 찾아왔다. 재산 전부를 내놓고 빚잔치를 했다. 빚잔치가 끝났는데 뒤늦게 다른 채권자들이 나타났다. 빚이 다시 생겼고, 우리 형제들은 12년간 나머지 빚을 갚아야 했다.

채권자들이 몰려와 어머니에게 행패 부리는 모습을 보면서 자랐다. 학교에 낼 공납금이 없어 복도에 양손을 들고 벌을 섰다. 가난한 게 내 책임이 아니었지만, 담임선생님은 몽둥이로 머리를 쥐어박았다. 이를 갈았다. 돈을 많이 벌어 성공해야겠다고 마음먹었다. 빚이 얼마나 무서운 결과를 만드는지 알게 되었다.

　돈을 들이지 않고 사업을 시작한 것도 빚지는 것에 대한 두려움이 있었기 때문이었다. 얼마 되지는 않지만, 남은 자산은 처자식의 몫이라고 생각했다. 은행대출일지라도 빚에 대한 두려움이 컸다. '들인 돈이 없으니 일단, 해보자. 하다가 아니다 싶으면 다른 데 취업하면 된다. 일단은 죽기 살기로 해보자.' 이런 마음으로 사업을 시작했다.
　사업은 번창했다. 동종업계의 사장들은 대출, 크라우드 펀딩을 받아 세를 불려나갔다. 그래도 곁눈질하지 않고 대출 없이 무차입 경영을 견지했다. 강소기업이라고 불리는 '작고 강한 기업', 차입 없이 무에서 유를 창조하는 것을 캐치프레이즈로 삼았다.

　사업수익은 도로 사업에 투입하거나 저축성보험에 차곡차곡 납입했다. 2017년부터 3년간 수십억 사기를 맞아 회사가 위기에 빠졌을 때 보험을 해지한 돈으로 큰 위기를 넘겼다. 10억 원가량의 해지환급금을 받아 급한 불을 껐다. 절체절명의 위기를 넘을 수 있었다.
　오히려, 위기를 맞은 이때부터 무차입 경영 원칙을 포기하게 되었다. 차입을 해서라도 도산을 막아야 했다. 수십 명이 넘는 사람들을 고소했다. 복잡한 사건은 변호사를 선임했고, 소소한 건은 전자소송을 통해 진행했다. 여러 명을 투옥시켰다. 채권회수는 쉽지 않았다. 회수하더라도 소송비용을 제하면 남는 게 별로 없었다. 그래도 사기 조직을 고통스럽게 만들고, 감옥에 처넣어야 직성이 풀렸다. 수사, 소송 등 일을 하는 데 많은 시간이 소모되었다. 소송에 이겨도 마음은 공허했고 몸은 지쳐갔다. 인간 이하라고 생각하는 사기꾼을 응징한다는 명분은 오래가지 않았다. 좌절하고 아픈 것은 그들이 아닌 나였다. 억울해서 잠을 잘 못 이루고 토막 잠을 자기 일쑤였다. 도둑질한 그들은 발을 뻗고 자는데 왜 나는 발을 오므리고 자야 하는지 이해할 수 없었다.

2019년, 회사를 팔려고 시도했지만, 가격 접점을 찾지 못해 무산된 일이 있었다. 매입을 희망했던 회사의 매출은 나의 반에도 미치지 못하는 작은 회사였다. 하지만 청량리에 사옥을 소유하고 있는 재무구조가 탄탄한 회사였다.

"30억 원이라니요. 고아계약 수수료만 연 3억 원입니다."

협상이 결렬되며, 내가 뱉은 마지막 말이었다. 그가 제의한 30억 원에 발끈했다. 모집사원이 퇴사해 주인 없는 계약을 '고아계약'이라고 부른다. 소액이지만, 고아계약에도 수금수수료가 나온다. 사업을 오래하다 보니 고아계약 수수료가 월 2,000~3,000만 원이다. 50억 원 이하로 팔기에는 아까웠다. 결국, 매각 협상은 해프닝으로 끝나고 말았다.

사업하는 동안 15년은 무차입 경영을, 6년은 차입 경영을 했다. 지금 생각으로는 사업 초기, 대출의 도움을 통해 양적 확장을 도모하지 않은 것을 후회하고 있다. 아버지의 파산 경험이 부적처럼 붙어 있었다고 하더라도 사장으로서 시장 상황, 시대의 흐름을 잘못 읽은 것이 확실하다. 소설 《주홍글씨》의 여자주인공처럼 과거의 낙인에 매여 있었던 것은 아닐까? 2017년부터 부채를 활용한 것도 처한 위기를 모면하기 위한 것이지, 매출을 늘리려는 레버리지 경영은 아니었다.

레버리지란, 타인의 자본을 지렛대처럼 이용해 자기자본의 이익을 높이는 것이다. 나는 도약과 확장을 위해 레버리지라는 도구를 활용하지 못했다. 무너지지 않기 위해, 버티기 위해 자금을 차입해 조달한 것이었다. 레버리지 경영을 해본 적도, 해볼 마음도 가지지 못했던 우물 안 개구리였다.

사장은 선택하는 데 남다른 노하우가 있어야 한다. 감이 좋은 사람도 있겠지만, 탁월한 능력이 없는 보통의 경우라면 신중함으로 판단해야 한다. 회사를 키우는 것은 무엇보다 중요한 사장의 책무다. 은행 대출은 합법적인 레버리지 수단이다. 등한히 해서는 안 되는 경영 기법이다.

3년의 돈 떼임, 코로나로 인한 매출 저하, 두 번의 어려움을 지나면서 회사도, 나도 신용점수가 많이 떨어졌다. 늦게나마 은행을 가까이하고 싶어 했지만, 이제는 신용점수 하락으로 은행에서 반겨주지 않는 대상이 되고 말았다.

당신이 사장이라면 적은 힘으로 큰 힘을 낼 수 있게 해주는 '지렛대 효과', 즉 레버리지를 적극적으로 활용하라고 권하고 싶다. 법인도 '人'자가 들어간다. 법인도 인격이 있고, 숨을 쉬고 있다고 봐야 한다. 현명한 사장이라면 레버리지를 잘 활용해야 하고, 세상을 넓게 보는 눈을 가져야 한다. 레버리지를 이용해 도약하는 사람, 양적 성장을 꾀하는 경영자가 되어라. 항상 공부하는 자리, 크게 나아가는 자리, 그곳이 사장의 자리다.

나의 브랜드는
'언행일치'

매일 당신의 인생에서 가장 아름다운 사람이 될 수 있는 기회를 주어라.

마크 트웨인

사업에서 언행일치는 기본 덕목이자 전략이다. 사람으로 살아가면서 성인(聖人)처럼 항상 언행일치하기는 어렵다. 가령 '분리수거를 잘합시다'라는 어깨띠를 두르고 계몽 활동을 한다고 해서 평생, 분리수거를 오점 없이 하기는 어렵다. 하지만 돈 문제, 일기 쓰기 등 한두 부문에서의 '언행일치'는 누구나 해낼 수 있다. 사장에게 언행일치는 반드시 소신으로 삼아야 하는 덕목이다.

어머니는 계주였다. 간혹, 드라마에 나오는 나쁜 계가 아니라 시골 소읍에서 마을 사람들을 대상으로 하는 일종의 친목계 같은 것이다. 당시, 시골에는 은행이 없었다. 우리 읍에는 우체국밖에 없었다. 계가 지금의 마을금고 같은 역할을 했다. 1번부터 20번까지, 20개월 동안

계를 타는 사람들이 달랐다. 그렇다고 계원 20명을 모두 맞출 필요는 없었다. 8, 9, 10, 11, 12번은 한 구좌를 가입하는 계원이지만, 나머지 번호는 2구좌씩 가입하는 사람이 가졌다. 1번과 20번은 계주 차지였다. 계주가 첫 달과 마지막 달 곗돈을 타는 임자가 되었다. 계주에 이어 두 번째 달에 곗돈을 타는 2번을 받으려면, 19번도 같이 가입해야 했다. 지금의 주택청약제도에 비해도 손색없는 공평한 시스템이었다.

문방구에서 파는 손바닥 크기의 회색 수첩에 계책을 만들어 계원들에게 나눠주었다. 계책 표지에 계원의 이름을 적고, 20페이지까지 납입할 날자와 불입액을 적었다. 매달 곗돈을 내면 도장을 찍어줬다. 계책을 만드는 것은 내 차지였다. 글씨를 잘 쓴다고 어머니께서 전담으로 맡겨주었다. 20권의 계책 만들기를 마치면, 어머니는 나에게 용돈으로 보상해주었다.

곗돈을 받아오는 것은 중요한 심부름이었다. 누나와 내가 마을을 반으로 나눠서 수금을 나갔다. 우리 집을 기준으로 누나가 왼쪽을 맡으면, 나는 오른쪽을 맡았다. 수금을 마치면 누나보다 적은 수금액에 주눅이 들었다. 누나는 악착같이 받아왔지만, 나는 사정을 많이 봐주는 편이었다. "모레 돈이 생겨. 그날 다시 와"라고 해서 그날 가면 또 다음 날 오라고 했다. 힘들고 못 살던 시대라 그랬는지 수금이 쉽지 않았다. 여러 번 약속을 어기면 마음속으로 비난했다. '무슨 어른이 이래?' 어린 나이에도 어른을 무시하는 마음이 생겼다.

"오늘은 무슨 일이 있어도 준다고 했잖아요. 아줌마!"

나는 언행일치를 안 하는 사람을 업신여기게 되었다.

아버지의 파산 이후 어머니가 언행일치를 못 하는 사람이 되었다. 채권자들에게 약속하고 빚을 갚지 못하거나 미루는 어머니가 부끄러웠다. 곗돈 못 내던 사람들을 비난하다가 어머니가 그 신세가 되자 비참한 기분이 들었다. 빚이 무서워졌고, 돈이 없는 상황이 싫어졌다. 부자가 되려면 반드시 빚이 없어야 한다고 생각하게 되었다.

영화 〈불한당 : 나쁜 놈들의 세상〉에 "사람을 믿지 마라. 상황을 믿어야지. 상황을…"이라는 대사가 나온다. 마음이 비단처럼 부드럽고 착한 사람도 빚으로 궁지에 몰리면, 거짓과 배신을 할 수밖에 없다는 의미다.

언행일치는 무엇보다 중요한 가치다. 2017년부터 친구나 지인들에게 수시로 돈을 빌리고 있다. '열흘 뒤에 줄게', '한 달에 얼마씩 열 달 동안 갚을게', '필요한 날 이틀 전에만 말해. 그날 맞추어서 갚을게'라는 말을 단, 하루도 어긴 적이 없다. 은행대출의 이자납입일도 하루도 어기지 않았다. 카드 결제액을 연체한 적도 없다. 어떤 친구 부부는 돈에 관한 한, 100% 나를 신뢰하고 있다. 이 친구에게는 1억 원도 1분이면 빌릴 수 있다. 문자 한 통으로도 빌린다. 물론, 은행보다 2배 정도 높은 이자를 주지만, 사채치고는 높은 이자율이 아니다.

돈에 관한 한, '뱉은 말은 무슨 일이 있어도 지킨다'라는 언행일치 원칙은 사장으로서 나의 브랜드가 되었다. 직원이나 설계사들에게도 마찬가지였다. 술자리에서 이번 달에 실적 얼마를 맞추면 얼마의 시상금을 주겠다고 약속한다. 다음 날, 술 취해 한 말이라서 기억을 못 하면 옆에 있었던 동료가 내가 한 말을 이야기해준다. 그렇게 술자리에서 뱉은 말도 지켰다. "저 사람은 뱉은 말을 목에 칼이 들어와도 지켜" 이렇게 평한다는 말을 듣는다. 이것이 20년 넘게 이 바닥에서 망하지 않고 버텨온 힘일지도 모른다.

나만이 도덕적이라거나 정직하다는 말이 아니다. 돈에 관한 한 약속을 허투루 저버리지 않았다는 말이다. 이것은 사장의 기본 덕목이다. 돈거래를 안 하는 게 좋지만, 사업을 하다 보면 부득이한 경우가 생긴다. 돈을 빌렸으면 정확하게 약속대로 갚아야 한다. 내 돈이 아깝고 소중하다면, 그 사람에게도 돈은 귀한 것이다.

나도 남의 돈을 떼어먹은 기억이 있다. 군 복무를 할 때의 일이었다. 당시에 스탠드바라고 부르는 술집이 있었다. 큰 홀 안에 여러 개의 코너가 있고, 코너마다 주인이 달랐다. 청주 성안길에 있는 스탠드바에서 아는 누나가 서빙을 했다. 군대에서 휴가를 나와 매일 그곳에서 술을 마셨다. 귀대 전날, "누나, 오늘 술값이 얼마지? 다음 휴가 나와서 줄게. 장부에 적어놔"라고 했는데, 다음 휴가를 나오니 코너가 없어졌다. 누나를 찾을 길이 없었다. 남의 돈을 떼먹은 기억은 이게 유일하다.

헬스클럽 1년 치를 결제하고 도중에 그만둔다든지, 새해 결심을 포기한 기억이 많다. 아내에게 술을 끊겠다고 약속하고 다시 마신 적도 있다. 단주를 죽을 때까지 해내리라고 장담하기도 어렵다. 이렇게 언행일치를 못 하는 경우가 생길 수 있다. 하지만 사업을 하면서 다른 사

람에게 한 약속은 반드시 지킬 것이다. 돈과 관련해 지켜야 할 의무가
생기는 경우에는 더욱더 철두철미하게 약속을 이행할 것이다. 죽을 때
까지.

물 만난 고기

모든 성취는 결과에 대한 강한 열망에서 시작된다.

나폴레온 힐(Napoleon Hill)

과연, 나는 사장의 자질이 있는가? 스티브 잡스(Steve Jobs)는 '아이디어'를, 마쓰시타 고노스케(松下幸之助)는 '사람을 얻는 것'을, 그리고 헨리 포드(Henry Ford)는 '경영자의 능력'을 성공의 키워드로 삼았다. 나는 창의적이고, 추진력이 있는 편이었다. 주변 사람 복도 많았다. 반면, 성미가 급했다. 즉흥적으로 결정하고 신중하지 못했다.

별다른 투자 없이 작은 규모로 시작했지만, 초기 연착륙에 성공할 수 있었다. 사업 초기, 실손보험이 판매되기 시작하면서 GA보험 시장이 혼탁해졌다. 생명보험설계사가 자격증 없이 실손보험을 모집해 GA에 계약을 팔았다. 손해보험설계사 자격이 없는 사람이 불법으로 모집 행위를 하는 것이었다.

내가 운영하는 사무실에도 생명보험설계사가 드나들었다. 앉을 틈도 없는데 사람들이 바글바글했다. 400명이나 되는 사람들이 청약서를 가지고 사무실에 들락거렸다. 이름도 모르는 사람이 태반이 넘었다. 업무직원 책상 앞은 수납처리를 기다리는 사람들로 도떼기시장이 되었다. 회사에 등록된 설계사가 200명이 조금 넘는데, 보험을 팔러 오는 사람이 400명이었다. 배보다 배꼽이 큰 모양새였다.

눈 질끈 감고 불법을 저지르면 돈을 긁어모을 수 있었다. 보험회사에서 받는 수수료 절반만 주어도 사람들이 꼬였다. 50%라는 경이적인 마진율이었다. 하지만 가짜로 만들어낸 계약('작성계약'이라고 함)을 받아서 처리하면 낭패를 볼 수도 있었다. 한 달만 보험료를 내고 보험이 해지되면, 보험회사에서 받았던 수수료 전부를 환수당했다. 보험회사에서 환수당한 돈을 이미 수당으로 받아간 모집자에게 돌려받기 힘든 경우가 많았다. 돈을 떼이지 않으려면 설계사를 잘 선별해서 거래해야했다.

당시, 실손보험은 생활필수품처럼 많은 사람이 가입하기를 원하는 상품이었다. 상품이 출시된 초기에 보험사끼리 출혈경쟁이 심했다. 이틈에 보험설계사와 GA는 노다지 시장을 만난 것이었다. 몇 년 후에 우리나라의 실손 보험계약 건수가 2,500만 건을 넘어서게 된다. 불법이 난무하는 시장을 감독 당국이 채 정비하기도 전에 국민 절반 이상이 가입한 것이었다.

TV 광고를 통해 보험을 판매하는 시장도 생겨났다. 잘 아는 사람이 우리나라 최초로 이 시장을 개척했다. 같은 보험회사 출신이었다. 그는 큰돈을 벌었다. 남이 가지 않은 길을 처음으로 개척했기에 가능한 일이었다. 종신보험을 TV로 판매해 석 달 만에 20억 원을 벌었다며, 자랑하는 전화가 걸려왔다. 그를 만나 정보를 얻고 보니 잘하면 떼돈을 벌 것 같은 생각이 들었다. 실손보험을 TV에서 팔기로 마음먹었다. 조연급 남자 탤런트를 섭외했다. 8분짜리, 2분짜리의 두 가지 광고 촬영을 800만 원에 의뢰했다. 케이블 방송에서 8분짜리 광고를 내보내면, 2분간은 지역 방송 광고를 내보내야 했다. 케이블 방송 사업자에게는 8분짜리 광고를, 유선사업자에게는 2분짜리 광고를 발주하려고 준비했다.

당시에는, 종편 방송이 없고 케이블 채널과 유선사업자(SO) 채널만 있었다. TV홈쇼핑 방송에서는 보험을 판매하지 않던 시기였다. 나중에 보험 판매가 돈이 되자 홈쇼핑 채널이 GA를 창업해 지금은 대부분의 홈쇼핑회사가 자회사로 법인대리점을 소유하고 있다.

그런데 결국 방송에는 실패했다. 제작비용만 날리고 말았다. 케이블 방송회사를 찾아가보니 이미 1년간의 광고 방송권을 매각한 상태였다. 두 개의 메이저 유통회사가 1년 치의 광고권을 통째로 사서 방송을 원하는 영세사업자에게 되팔았다. 팔리지 않는 시간대의 광고는 자기네 회사 상품 광고를 내보냈다. 그들은 옷, 그릇, 돗자리까지 수백 가지의 제품을 유통하는 회사였다. 방송회사를 찾아갈 일이 아니라 1년 방송권을 선점한 유통회사를 찾아가서 방송시간을 구매해야 했다. 황금시간과 사람들이 잠들어서 시청률이 떨어지는 시간을 조합

해서 방송권리를 팔았다.

50분의 정규방송 후 8분의 광고시간을 '띠'라고 부른다. 그들은 터무니없이 높은 가격에 '띠'를 팔았다. TV 광고로 인한 보험판매가 돈이 된다고 소문나자 많은 GA가 광고영상을 제작해 덤벼들고 있었다. 시장이 과열되었다. 광고를 선점한 유통업자를 면담해보니 순전히 배짱장사였다. 광고물을 제작한 경비가 아까웠지만, 조건이 너무 불리해 방송을 포기하고 말았다.

당시, 판매 방식(채널)이 다각화되고 있었다. 자동차보험 '다이렉트' 판매가 자리를 잡아가고 있었다. TV를 통한 판매, 브리핑 영업 등 새로운 판매 방식이 나타나고 있었다. 그럼에도 불구하고, 나는 오프라인 대면 영업 방식만을 고수해왔다. 지금도 마찬가지다.

시장은 새롭게 변해간다. 빠르거나 느리다 뿐이지, 시장은 변한다. 변화에 대응하는 센스는 사장에게 필요한 덕목이다. 두 가지 결정을 해야 한다. 첫째, 변화를 택할 것인지, 지금의 방식을 고수할 것인지의 여부다. 둘째, 투자를 할 것인지 여부다. 투자한다면 레버리지를 이용할 것인지, 투자 규모는 얼마나 할지 등을 정해야 한다. 최종 의사결정은 사장의 몫이다. 사장은 과단성이 있어야 하고, 일단 결정했으면 최선을 다해야 한다. 혹여 진입한 것이 실수라는 생각이 들면 바로 철수해야 한다. 언제나 출구전략을 마련해놓아야 한다는 말이다. 수익과 리스크의 경계에서 결정해야 하는 순간, 사장은 고독한 결정자가 된다.

2004년, 서울에 진출하면서 물 만난 고기처럼 실손보험을 '줍줍' 하는 시장이 만들어졌다. 사기꾼 아닌 사람들에게서 보험을 산다면 엄청난 돈을 벌 수 있었다. TV 영업을 선택했어도 큰돈을 벌었을 가능성이 있다. 하지만 나는 TV 영업을 포기했다. 몇 년 후 보험을 매집하는 행위도 스스로 그만두었다. 앞에서도 이야기했듯이 '교차판매'가 허용되면서 더 이상 불법을 저지르고 싶지 않았다. 나중에, 매집을 계속한 다른 GA가 큰돈을 벌었다는 소문에 후회한 적도 있었다. 하지만 지금 생각해보면 잘한 선택이었다. 몇 년만 사업하려고 시작한 것이 아니었다. 우리 회사 직원, 설계사와의 상생이 무엇보다 중요했다. 불법을 계속 저지르다 회사가 문을 닫으면, 나는 부자가 되어 있을지 모르지만, 다른 사람들은 일터를 잃는 상황이 빚어질 수도 있었다.

사업을 하다 보면 호황도 있고, 불황도 있다. 사업에도 라이프 사이클이 있다. 침체의 골을 잘 이겨내면 호황기에 빛을 발한다. 호황일 때 수익을 유보해두지 않으면 불황을 버티기 힘들어진다. 사장은 회사의 생태계를 잘 파악해야 한다. 그래야 침체기가 오고 있는지, 상승기가 오고 있는지 짐작할 수 있다. 나만 잘한다고 시장이 알아주는 것도 아니고, 시장의 흐름만 따라다녀서도 안 된다. 먼저 내 회사를 알고 바깥 시장을 봐야 한다.

호황이 오면 분위기가 들뜨게 마련이다. 반면, 불황이면 당장이라도 무너질 것처럼 공포에 휩싸인다. 사장이라면 호황이든, 불황이든 표정 관리를 잘해야 한다. 인상을 쓰거나 근심에 싸여 있는 표정, 초조함은 직원들의 사기를 떨어뜨린다. 표정 때문에 나쁜 에너지가 퍼져나가면, 결국은 매출이 감소해 경영에 악영향을 끼치게 된다. 힘들어도 내색하지 않고 해결책을 찾아내야 하는 이유다. 사장은 자신의 감정을 갈무리할 줄 알아야 진정한 고수다.

하나를 주고 열을 얻는 법

설득의 3요소가 있다. 로고스(논리), 파토스(감정), 에토스(명성)이다.
이 중에서 영향력이 가장 작은 것은 로고스이고,
가장 영향력이 큰 것은 에토스다.

아리스토텔레스

작년에 책을 출간하고 나서 야박하게 변한 나 자신을 발견했다. 인터넷 서점의 판매지수를 확인하는 버릇이 생겼다. 처음 낸 책이라 그런지 자식을 낳은 것 같은 기분이었다. 출판사에 의뢰해 별도로 100권의 책을 구입했다. 사인을 해서 지인들에게 선물을 주었다.

"사서 보려고 했는데 받아도 되나? 아무튼 고마워!"

사서 읽으려고 했다는 말에 감동했다.

"사려고 했으면 한 권 사서 다른 사람에게 선물하세요."

대부분의 사람들은 책을 사지 않았다. 삐친 내가 우스울지 몰라도 섭섭했다. 9년 전, 어머니 돌아가셨을 때, 반드시 조문을 와야 할 사람, 조의금을 내야 할 사람이 나 몰라라 했을 때의 기분과 흡사했다. 그들을 염치없는 사람이라고 생각했다.

기분이 좋으면 오버해서 사람들에게 베풀었다. 이것저것 눈에 띄는 대로 사람들에게 퍼주는 성격이었다. 부자인 척했다. 너그러운 척했다. 원인이 무엇일까? 어릴 때 느꼈던 결핍을 감추거나 부인하려고 그런 것은 아닐까? 주고 나서 고맙다는 이야기를 못 들으면 섭섭했다. 공치사 들으려고 준 게 아닌데도 좀스럽게 섭섭한 마음이 들었다. 대가를 바라지 않는 마음, 베푸는 마음이라고 포장하면서 마음속에는 치사한 마음이 있었다.

공짜로 선물 받는 것을 싫어했다. 특히 아랫사람, 형편이 어려운 사람에게 받는 것을 구차하다고 생각했다. 어떨 때는 적선 받는 것 같은 기분이 들어서 참지 못하고 화를 내는 경우도 있었다. 마음에 모난 구석이 많았다.

2009년부터 7년간 건설 회사를 운영한 적이 있었다. 관급공사만 고집하다가 흑자를 내지 못했고, 나중에 회사를 매각하고 말았다. 당시 지인 소개로 육군 대령을 알게 되었다. 군사령부 경리 과장이었다. 이야기를 나누던 중, 군부대 화장실 지붕 교체(석면 해체, 석면은 발암 물질이다) 공사가 있는데 해보겠냐는 제의를 받았다. 공사금액이 300만 원에 불과한 일감이었다. 발주금액이 1,000만 원을 넘지 않는 공사는 조달청 입찰 없이 수의계약을 할 수 있는 규정이 있었다. 너무 작은 공사라 달갑지 않았지만, 첫 거래의 신뢰를 쌓으려고 공사를 맡았다. 3년 뒤 다른 부대로 발령 날 때까지 1,000만 원 이하의 공사지만 수십 건을 시공했다.

다른 부대로 떠나면서 후임 대령을 소개해주어 식사 자리를 마련했다. 나이가 나와 동갑인데 다짜고짜 반말을 하더니, 술에 취해 모 식당에 신용카드 선결제를 해놓으라고 했다. 또한, 부서 회식비로 매달 얼마씩 정액으로 긁어놓으라고 말했다. 명령조로 말해서 감정이 상했다. 반말을 들을 때부터 화가 나 있었고, 억지로 참아내고 있었다. 술에 취하자 기고만장하는 언행과 거드름이 도를 넘어섰다. 아예 나를 아랫사람 대하듯 '너'라고 호칭했다. 자리를 박차고 일어났다.

"요즘이 어떤 시대인데 뇌물을 요구하는 거야. 당신 같은 쓰레기가 어떻게 대령까지 달았니? 세상 말세다. 말세!"

다음 날, 직원들이 "참으셨어야죠. 왜 그랬어요?"라고 나를 타박했다.

사업을 하다 보면 손해 보는 게 뻔해도 해야 하는 경우가 생긴다. 신뢰를 얻고 거래관계가 싹틀 수 있다면 마다해서는 안 된다. 인연은 알 수 없는 것이다. 부나방처럼 꿀만 빨아 먹고 사라지는 인연도 많다. 경찰공무원 출신이라며 태극기를 팔러 다니는 사람, 목탁을 치면서 돈을 요구하는 땡중, 사이비 사회단체를 들먹이며 모금하는 사람 등 온갖 사람들이 찾아온다. 지금은 문전 박대하지만 사업 초기에는 알면서도 속아준 경우가 많았다. 신용카드 모집을 위해 찾아온 후배에게 수십 장의 카드를 만들어준 적도 있다. 옛 회사 동료가 퇴직 후 찾아와 수백만 원짜리 산삼을 사준 적도 있고, 비데와 정수기 여러 대를 구입한 적도 있다.

블랙박스는 아예 있지도 않았고, 도로에 CCTV도 많지 않던 20년 전, 친구 아버지가 뺑소니차에 치여 사망했다. 친구가 나에게 보험 전문가이니 도와달라는 부탁을 했다. 며칠을 뛰어다니며 범인을 찾아냈다. 충주에서 사고를 내고 제천에 있는 카센터에서 수리한 이력을 찾았다. 친구가 큰 도움이 되었다며 고마워했다. 과천에서 건설 회사를 운영하던 친구는 나중에 내가 건설 회사를 개업할 때 찾아왔다. 그 후에도 내가 궁금한 것을 물어볼 때마다 조언을 아끼지 않았다.

사업에서 가장 중요한 것은 사람이다. 사장에게는 인간관계 노하우가 필요하다. 하나를 주고, 열을 얻는 비법은 남다른 인간관계에 있다. 인공지능, 메타버스, 비대면 프로그램 등 새로운 관계망 트렌드가 생겨나고 있다. 아무리 첨단세상이 온다고 하더라도 사람과의 소통이 없는 기계 세상이 전부를 지배하지는 못할 것이다. SNS를 통해 맺은 인맥만으로 해결하기 어려운 관계가 아직도 많다. 인간관계는 타인과의 상호작용이다. 나는 컴퓨터를 통해 만들어진 관계를 여전히 어색하다고 느끼고 있다.

사업을 하다 보면 서로의 이익을 나누는 과정에서 관계가 깨질 요인이 생겨난다. 소비자와의 관계, 동업자와의 관계, 직원들과의 관계 등도 모두 마찬가지다. 관계가 오래 지속되도록 절충점을 찾고, 한발 양보할 수 있는 마음을 가져야 한다. 사장에게는 많은 자질이 요구된다. 모든 자질을 다 갖춘 사장은 없다. 하지만 사람과의 관계를 잘할 수 있다면, 절반은 성공한 것이나 마찬가지다. 그러기 위해서는 정직한 마음이 밑바탕에 깔려 있어야 한다. 하나를 주고 열을 얻으려고 애쓰지 말라. 남의 것을 탐하지 않고 도리를 다하다 보면, 예기치 않게 베푼 것이 10배가 되어 되돌아오는 일이 생길 수 있다.

《10배의 법칙》의 저자 그랜트 카돈(Grant Cardone)은 어린 시절 주의력결핍과잉행동장애(ADHD) 진단을 받았다. 그는 알코올과 마약중독자였다. 그 후, 25살에 세일즈에 뛰어들어 백만장자가 되었다. 그의 책에서 인간관계에 적용하면 좋은 내용을 추려본다.

첫째, 고객을 대할 때, 비판을 예상하고 받아들이라고 주장한다. 거절당한 상처를 이겨낸 사람이 성공한다. 보험회사에 입사한 35년 전부터 많은 보험설계사를 봐왔다. 처음 보험영업에 뛰어들 때, 친한 친척이나 지인에게 보험을 권한다. 그런데, 거절하지 않을 것이라고 생각한 사람에게 예기치 않게 거절당하는 경우가 있다. 좌절하고 낙담한다. 모멸감을 느낀다. 이러한 거절의 고비를 넘어서야 성공하는 경우가 많았다. 연도 대상을 탄 성공한 사람들의 수상소감을 듣다 보면, 이런 고비를 넘어오지 않은 사람이 없었다.

둘째, 나에 대한 정보를 알리라고 한다. 나를 드러내놓고 보여주어야 상대방 마음도 열린다. 서로의 신뢰가 싹트는 지점이다.

셋째, 10배 더 하면 4배의 성과가 난다고 말한다. 기대치를 너무 높게 잡지 말라고 한다. 지금은 무한경쟁의 시대이고, 어떤 정보든 쉽게 얻을 수 있다. 나만의 특장점이 있더라도 10배 노력해 10배를 얻기는 힘들다. 40%만 바라야 한다고 저자는 주장하고 있다.

하나를 주고 열을 얻는 유일한 방법은 먼저 나를 위하는 자세가 아닐까? 남들에게 받고 싶은 행동을 먼저 행하는 것이 운을 부르는 방법이 아닐까? 다른 사람의 성공이나 결과를 보고 질투하지 말라. 그들을 진심으로 축복하면 반드시 보상을 받도록 신이 세상을 설계했다고 믿어라.

준 것은 반드시 돌아온다는 것을 기억하라. 당신이 주었던 것이 그대로 돌아오지 않을지도 모른다. 하지만 당신이 준 것을 언젠가는 틀림없이 받게 되어 있다. 이것이 우주의 법칙이다.

제2장

파란만장
사장 일기

수십억 원의
돈을 떼이다

태양을 바라보고 살아라. 너의 그림자를 못 볼 것이다.

헬렌 켈러(Helen Keller)

나쁜 일은 연거푸 일어나게 되어 있다. 먹튀 사고와 이로 인한 자금 부족으로 회사에 곤란한 상황이 자주 생겼다. 먹튀 사고가 나면 사업을 때려치우고 싶었다. 믿었던 사람들에 대한 배신감으로 치를 떨었다. 돈을 돌려받기는 하늘의 별 따기였다. 먹튀 사기꾼은 비렁뱅이나 다름없는 경우가 대부분이었다. 배 째라고 버렸다. 적극적으로 추심을 하면 개인회생이나 파산 절차에 들어가 무용지물이 되는 경우가 허다했다. 돈 떼먹기 좋은 나라, 파산이나 개인회생 절차를 밟으면 채무가 면제되는 '모럴 해저드(Moral hazard, 도덕적 해이)'의 천국이 대한민국이었다.

인천, 원주, 여주 사무실에 사기꾼들이 꼬여 들었다. 수십 명씩 떼를 지어 몰려왔다. 2017년부터 연쇄적으로 돈을 떼이는 사건이 일어났다. 인천 사건을 일으킨 사람들은 K생명 지점장을 통해 소개받았다. 다른 GA에서 이직하기를 희망하는데 스카우트할 의향이 있느냐고 제의가 왔다. 한 번 만난 것으로는 이 사람들의 진정성을 판단할 수 없었다. 오히려 자기네들이 다른 GA의 피해자라고 주장했다. 믿어달라고 거듭 읍소하는 바람에 통 큰 사람인 양 첫 만남에서 승낙하고 말았다. 너그러운 사람, 대범한 사람인 척 거드름을 피웠다. 사무실을 임차하고 지점을 오픈했다. 1년 반을 아슬아슬하게 지탱해오다가 결국 모라토리엄을 선언하고 전원이 출근하지 않았다. 그동안 모집한 보험계약을 파헤쳐보니 가짜로 만든 계약이 대부분이었다. 가짜 계약의 계속보험료를 모집자가 대납하는 경우가 허다했다. 모집자와 가짜 계약자를 고소했고 소송을 진행했다. 주범을 투옥시켰다.

원주에서도 수십 명의 먹튀 사고가 터졌다. 이 중 2명을 투옥했다. 2년, 옥살이한 남자 이야기를 해보겠다. 독일제 고급 승용차를 몰고 다니는 30대의 남자였다. 고액 계약으로 월 3,000~4,000만의 소득을 올리는 스타급 설계사라고 사내에 소문이 자자했다. 그를 관리하는 지점장을 만나 지점 인원 모두를 통으로 스카우트했다. 개인별로 500만 원부터 3,000만 원까지 돈을 꾸어줬다. 회사를 옮기면 설계사 코드를 옮겨야 한다. 다니던 회사에서 코드를 없애고, 우리 회사에 새로 등록하는 데 한 달 정도 소요된다. 이적하기 위해 서류를 처리하는 기간에는 영업을 할 수 없다. 공백 기간 동안에는 소득이 생기지 않는다. 이를 보전하기 위해 돈을 빌려주는 것이었다.

이 중 몇 명이 사기꾼이었다. 가장 나이가 어리지만, 소득은 가장 많았던 한 명의 이야기다. 그가 우리 회사에 반년 근무하면서 가짜 계약을 만들어서 거액의 손해를 끼쳤다. 고소, 소송 과정을 겪었고 감옥에 보냈다. 이 사람은 우리 회사에 본인 코드를 내고 가짜 계약을 넣으면서 다른 GA에도 피해를 주었다. 오전에는 우리 회사에, 오후에는 다른 두 회사에 출근하며 가짜 계약을 넣고 수수료를 편취했다. 다른 회사는 고소조차 하지 못했다. 코드가 등록된 설계사가 아닌데도 실적을 올리려는 욕심에 남의 코드를 사용하라고 제공한 것이었다. 이 경우, 코드를 빌려준 사람도 공범이 된다.

여주 사무실에 H생명과 H화재 조직 10여 명이 입사했다. 이들에게도 큰 금액의 사기를 당했고, 2명은 재수사를 요청해 지금까지 끈질기게 검찰 조사 중이다.

다른 지점에서도 작은 사고가 있었지만, 고의적으로 일어난 사건은 아니었다. 개인적으로 사채를 쓰고 카드를 돌려 막다가 한계에 부딪치자 가짜 계약을 만든 것이었다. 주변 사람이 하는 것을 보고 저지른 모방범죄였다. 이런 사람들은 고소하지 않고 조금씩 돌려받거나, 돌려받을 마음을 포기했다.

사기를 당한 책임은 나에게 있었다. 채용 인터뷰를 하고 그들을 영입한 것도, 초기 지원금을 주며 그들을 부추긴 것도 바로 나였다. 그런데도 "사기꾼 때문에 자금이 쪼들린다", "재수가 없으려니 그런 사람들이 꼬였다", "나는 아무런 잘못이 없는데 왜 내가 이런 곤욕을 치러야 하나"라며 주변 사람들에게 하소연하고 위로받기를 원했다. 억울한 사람이라는 것을 알아주기를 바라는 마음이 있었다. 생각해보면 사기꾼들이 꼬인 원인은 나 때문이었다.

첫째, 욕심이 과했다. 욕심의 사전적 정의는 분수에 넘치게 무엇을 탐내거나 누리고자 하는 마음이다. 돈을 벌겠다는 탐욕으로 인해 좋은 사람을 고르는 감각을 상실했다. 넋이 나간 사람처럼 쫓기듯 행동했다. 술이 덜 깨서 면접을 보고, 판단력을 잃은 상태에서 섣부르게 결정했다. 작은 성공에 취해 있었기에 대충해도 잘될 것이라는 자만에 빠져 있었다. 자업자득이었다.

둘째, 겸손을 잃었다. 돈이 많다고 과시했다. 사기꾼들은 돈 냄새를 잘 맡았다. 그들은 눈에 훤히 보이는 '호구'의 돈을 노렸다. 교만하고 잘난 척하느라 정신을 잃은 나를 그들이 표적으로 삼는 것은 당연했다. 일생일대의 '사기' 참사를 빚은 모든 이유가 나 자신에게 있었다.

다행스럽게도 좋은 참모들이 있었다. 창업 때부터 같이해온 스태프가 있었고 공동대표가 있었다. 먹튀를 맞고 자금난을 겪으면서도 회사가 쓰러지지 않게 지탱해주었다. 그러다가 숨 돌릴 사이도 없이 코로나 상황이 닥쳤다. 매출은 급감했다. 대면 영업을 하는 영업 특성상 타격을 피할 수 없었다. 100명이 넘는 설계사들이 회사를 떠났다. 그들도 생계를 유지하기 힘들었을 것이다. 회사도 코로나 기간 동안 생존 우선정책을 펼 수밖에 없었다. 막연하게나마 코로나에서 하루라도 빨리 벗어나기만을 학수고대했다.

직원 월급 때문에
사채업자에게 가다

승패의 차이는 대부분 그만두지 않는 데 있다.

월트 디즈니(Walt Disney)

이병철, 정주영, 김우중, 신격호 회장도 명동 사채 시장에서 긴급자금을 동원한 일화가 있다. 미래에셋의 박현주 회장이 명동 사채의 큰손 백 할머니에게 주식을 배웠다는 유명한 이야기도 있다. 음지의 금융이라고 불리지만, 대부업도 이제는 엄연한 금융이 되었다. 얼마 전 계양전기라는 회사의 직원이 246억 원을 횡령해 사회적으로 물의를 일으킨 바 있다. 계양전기가 속한 해성 그룹의 단재완 회장은 한때 이건희 회장보다 세금을 많이 내 화제가 된 적이 있다. 그는 신군부 시절, 사채의 큰손으로 불렸던 단사천 회장의 아들이다.

불법 사채를 쓸 정도면 은행이나 신용카드대출은 이미 받을 수 없는 상태일 것이다. 제2금융권에서도 외면받았을 것이다. 현재, 법정 최고금리는 연 20%다. 하지만 불법 사채 시장에서는 20% 상한선이 무의미한 경우가 많다. 직업이나 뚜렷한 담보가 없는 데다가 절박하게 돈이 필요하면 고리의 사채를 쓰게 된다. 한 군데서 빌려서 다른 데 빚을 돌려 막는 사람이 많다. 이자를 내려고 추가로 돈을 빌리고, 다시 원금에 가산되어 빚이 눈덩이처럼 불어나기도 한다.

사장도 궁지에 몰리면 사채 시장을 찾을 수 있다. 급여일이 코앞인데 급여 줄 돈이 모자란다. 옥상에 올라가 돈이 있을 만한 친구나 지인에게 전화한다. 직원들이 근무하는 사무실에서 돈 빌리는 통화를 할 수 없다. 회사가 어렵다는 소문이라도 나면 평판이 나빠지기 때문이다. 넓지 않은 옥상 한쪽에서 반대쪽 끝을 오가며 초조하게 통화한다. 돈을 구하려고 백방으로 노력해도 안 되면 마지막에는 불법 사채 시장을 찾을 수밖에 없다.

한동안 사업에서 위험한 상황이 없었다. 다음 달 급여를 미리 가불해주는 정도 외에 특별한 돈거래가 없는 안정된 상태였다. 2017년, 원주의 한 팀장 설계사가 찾아왔다. 이야기를 들어보니 팀원 모두가 사채의 늪에 빠져 있었다. 10부(연 120% 이율), 15부(연 180% 이율) 이자라는 믿지 못할 불법 사채의 덫에 걸려 있었다. 이때, 이 멤버들을 도려내 퇴사 조치해야 했지만, 울고불고 읍소하는 통에 모질게 대응하지 못했다. 억대의 돈을 들여 5명 빚을 대신 갚아주었다. 영업해서 받는 소득에서 공제하는 식으로 1년 동안 분할상환 받기로 했다. 하지만 이 사람들은 몇 달을 넘기지 못하고 자멸하고 말았다. 갚아준 돈을 떼인 것뿐만 아니라 각자가 모집한 보험계약이 해지되며, 환수책임까지 고스란히 덮어쓰고 말았다. 한 명을 감옥에 보냈지만, 돈은 전혀 회수하지 못했다. 모두 파산절차를 밟았기 때문이었다.

다른 사무실에서도 먹튀 사고가 이어졌다. 가짜 계약의 보험 해지로 인한 환수액을 공제하고, 보험회사에서 남은 수수료만을 수령했다. 급여일에 급여를 줄 돈이 모자랄 수밖에 없었다. 급여일이 다가오면 잠을 이룰 수 없었다. 돈을 어디서 구해야 할지 숨통이 막혀왔다. 심란한 나머지 술을 핑계 삼아 도망치고 말았다. 이런 순간, 주의력을 잃게 되고 멘붕이 왔다.

한번은 급한 나머지 불법 사채업자를 찾아갔다. 부동산을 담보로 제공하면 5부(연 60% 이율), 신용거래면 10부(연 120% 이율)를 요구했다. 날강도라는 생각이 들었다. 이런 사람과 돈거래 하다가는 집도 날려먹기 십상이었다.

먼저 친구를 동원했다. 현금 동원 능력을 갖춘 친구를 찾았다. 돈 빌려달라는 첫 전화를 하던 순간을 잊을 수 없다. 친구지만 수치스러웠다. 모멸감이 들었다. 망설이다가 전화를 했다. 아내에게 물어본다고 하더니 친구의 아내에게 전화가 왔다.

"용기 씨라면 믿을 수 있어요. 3억 원까지는 언제든 가져다 쓰세요."

은행 이자의 2배 정도로 6년간 돈을 빌려 쓰고 있다. 지금도 2억 원 정도의 빚이 있다.

한 후배에게도 비슷한 조건으로 필요할 때마다 빌렸다. "일주일만 쓰마", "두 달 후에 갚을게", "언제라도 필요한 날 이틀 전에만 이야기해. 날짜 맞추어서 갚아줄게" 서로 이런 식으로 구두 약속을 했다. 단,

하루도 어기지 않았다. 사업자금이 엉킬 때마다 친구와 후배의 도움을 받았다. 약속을 철석같이 지키고 오랜 시간 신용을 얻은 덕분이었다.

어떤 사업이든 리스크가 있다. 사장은 위기의 순간이 오는 징조를 알아차려야 한다. 대비하는 자만이 위기에서 회사를 지켜낼 수 있다. 자금난 이외에도 사업 리스크는 많다. '하이 리스크 하이 리턴'이라는 말이 있다. 위험이 클수록 수익이 크다는 뜻이다. 리스크와 수익의 상관관계를 알고 감당할 수 있는 리스크의 한계에서 멈출 수 있어야 한다. 사업에서 생존이 첫째이고, 돈을 버는 것은 두 번째이기 때문이다.

먹튀 사고, 코로나 사태로 회사에 위기가 왔다. 위기에 회사를 경영한다는 것은 전장에 서 있는 심정과 다를 바 없다. 오늘 하루만, 또 하루만 견뎌야지 하는 마음으로 출근하는 날이 많았다.

일본에서 경영의 신으로 추대받는 마쓰시타 고노스케는 '댐 경영론'을 주창했다. 댐에 물을 비축해서 물을 활용하듯 회사도 사람과 물자, 자금을 댐처럼 비축해두면 불황이 와도 끄떡없다는 이론이다. 기업에서 이익잉여금을 유보해두는 것이 얼마나 중요한 것인지 알게 해준다. 마쓰시타의 강연을 듣던 많은 중소기업인이 질문을 쏟아냈다. 대기업은 댐 경영이 가능할지 모르겠으나 하루하루 견디기 바쁜 중소기업은 할 수 없다는 의문이었다. 마쓰시타의 대답도 분명했다.

"방법론은 나도 모른다. 하지만 댐을 만들겠다는 생각을 강하게 가져라. 댐을 만드느냐, 못 만드느냐의 문제는 사장이 결심하기 나름이다."

댐 경영론은 경기가 호황일 때, 댐에 물을 비축하듯이 이익을 착실히 쌓아두라는 것이다. 1년 동안 일감이 없어도 종업원들에게 월급을 줄 수 있는 체력을 기르라고 한다. 기업도 면역력이 필요하다는 것이다.

나의 경우, 2006년부터 10년간 큰 호황을 맞았다. 대부분을 사업에 재투자해 매출을 늘리려고 노력했다. 일부는 적금식 보험에 가입해 이익금을 유보했다. 먹튀 사고를 맞고 코로나가 덮치자 적립했던 보험을 해지해 요긴하게 사용했다. 몇 달이 지나자 해지금도 흔적 없이 사라졌다. 적자의 늪에 다시 빠졌다. 적자의 골이 얼마나 깊은지, 얼마나 오래갈지 알 수 없어서 미래에 대한 두려움이 생겼다. 하루하루, 한 달, 한 달 버티려고 노력했다. 모든 직원에게 비상 경영을 선포하고 긴축 경영을 한 결과 어두운 터널을 지나올 수 있었다.

우리 회사가 오늘도 생존하고 있다는 것에 감사할 따름이다.

국세청 감사

측정할 수 없는 것은 관리할 수 없다.

피터 드러커(Peter Ferdinand Drucker)

"가장 바람직한 조세는 거위가 비명을 덜 지르게 하면서 최대한 많은 깃털을 뽑는 것과 같다."

박근혜 정부 경제수석을 지낸 조원동의 말이다. 사육되는 거위는 불쌍하게도 새끼 때부터 산 채로 털이 뽑히는 동물이다. 그런 '거위 털 뽑기' 기술을 정부가 세금을 부과하는 것에 빗대어 표현한 말이다. 납세의 의무는 국방의 의무, 근로의 의무, 교육의 의무와 더불어 국민 4대 의무의 하나다. 국립조세박물관이 세금을 정의한 바에 의하면, '세금은 문명사회를 사는 대가'라고 한다. 나라는 세금을 걷어 사람들에게 혜택을 누리게 해준다. '세금은 시민권의 연회비'라는 말도 있다. 나라 살림에 필요한 경비를 마련하기 위해 국민이라면 누구나 법으로 정해진 대로 내야 한다는 뜻이다.

2009년, 처음으로 세무조사를 받았다. 조사팀이 회사로 나온 것은 아니고, 중부지방국세청으로 호출하거나 서면으로 감사하는 방식이었다. 세무사를 통해 기장해온 터라 별다른 걱정을 하지 않았었다. 투명하고 원칙대로 신고한다는 소문이 자자한 세무사와 거래하고 있었다. 학교에서 부전공으로 회계학을 배운 적이 있었지만, 재무제표를 보는 정도의 얕은 지식 수준이었다.

왜 우리 회사에 조사가 나왔는지 물어봤다. 시도별로 한 군데씩 GA를 지정해서 나왔다고 대답했다. 강원도에서 매출이 제일 큰 우리 회사가 타깃이 된 것이었다. 당시 우리 회사는 연 매출 100억 원을 조금 넘는 수준이었다. 서울에는 매출 100억 원을 넘는 GA가 수두룩한데, 시도별로 한 군데를 콕 집었으니 조사를 피할 길이 없었다. 우리 회사는 GA 전국순위로 100위 안에 간신히 드는 수준인데, 조사를 받는 것이 억울하다고 생각했지만 피할 길이 없었다. 세무당국의 요청대로 5년간의 세무자료를 제출했다. 세무사는 전화로 조언만 해주었다. 4주간 여러 번 불려가 소명해야 했다.

조사관이 수상하다고 생각하는 데이터를 제시했다. 가공경비로 추측되니 소명하라는 것이었다. 사업자등록증 없는 주차 아저씨가 만들어 준 간이영수증도 있었다. 개인적으로 미국에 자기계발 교육을 다녀온 경비를 '교육훈련비' 계정으로 처리한 것도 있었다. 소명하라고 요청받은 것은 회계 처리할 때 마음속으로 켕기던 것들이었다. 부정한 경비만 필터링하는 시스템이 있는 것 같았다. 대부분 회계 착오임을 인정할 수밖에 없었다.

2주간의 조사 과정이 끝나갈 무렵, 호출을 받았다. 추징세액을 결정하는 날이라 내심 긴장했다. 그날따라 비가 세차게 쏟아부었다. 마음이 불안한 데다 비까지 쏟아부어 안전을 위해 직원에게 운전을 시켰다. 직원에게 주차장에서 기다리라고 하고 사무실로 올라갔다.

조사관이 상대적이지만, 다른 GA와 비교하면 회계처리가 잘되어 있는 편이라고 말했다. 칭찬인지, 지적인지 가공경비를 순순히 인정한 것도 잘했다고 말했다.

"추징을 안 할 수는 없어요. 최대한 가볍게 처분해드릴게요."

다른 GA가 추징받은 것과 비교하면 크게 선방했다. 1,000만 원이 안 되는 추징처분을 받았을 뿐이었다.

세무조사를 받자마자 본사를 이전했다. 서울이라면 눈에 띄지 않을 만큼 콩알만 한 회사인데, 시골에 있으니 표적이 되는 것 같아 서둘러 본점을 서울로 이전했다.

2015년 회사를 합병했다. 고만고만한 GA들이 '합종연횡' 해서 대형화하는 것이 시장의 추세였다. 합병을 통해 거대 GA가 속속 출현했다. 대형 GA의 매출이 작은 보험사를 능가하는 일까지 생겼다. 11개의 다른 GA와 합병해 업계 5위권의 대형 GA가 되었다. 나를 포함해 12명의 사업부 대표가 공동 운영하는 형태였다. 뭉친 GA의 위력은 대단했다. 매출 4,000억 원, 보험설계사가 8,000명이 넘는 회사가 되었다.

중견기업이 되니 국세청 정기 감사 대상이 되었다. 두 번의 국세청 감사를 받았다. 두 번째 감사에서는 법인세 8억 원이 추징되었고, 가산세를 포함해 9억 원이 넘는 세금을 납부했다. 12명의 사업부 대표가 매출에 비례해서 나누어 납부했다. 공인회계사를 1,000명 이상 보유한 대형회계법인을 통해 소명해도 피할 길이 없었다.

코로나 이후 억만장자들의 재산이 6,000조 불어났다는 보도를 접했다. 세계경제포럼인 '다보스 포럼'에 '애국적 백만장자들(Patriotic Millionaires)'이라는 단체가 있다. 이 단체가 노블레스 오블리주를 실천하겠다며 공식성명을 발표했다. "우리에게 더 많은 세금을 거두라"는 것이었다. 전 세계 102명의 슈퍼리치들이 한목소리를 낸 이유는 코로나 2년도 되지 않아 자신들의 재산이 60% 넘게 증가했기 때문이었다. 이 중에는 워런 버핏(Warren Buffett), 일론 머스크(Elon Musk), 제프 베이조스(Jeff Bezos), 마크 저커버그(Mark Zuckerberg) 등 우리에게 익숙한 이름이 많이 있다. 2020년 3월, 8조 6,000억 달러였던 이들의 재산이 2021년 11월 기준 13조 8,000억 달러로 늘어났다.

국제 구호단체 '옥스팜'의 가브리엘라 부처(Gabriela Bucher) 사무총장은 "중앙은행이 코로나를 극복하려고 수조 달러의 돈을 시장에 쏟아부었더니 억만장자들만 주머니를 불리고 말았다"라고 말했다. 부가 양극화된 나라에서는 정부가 긴급자금을 시장에 풀어봤자 필요한 곳으로 흘러 들어가기 어렵다. 코로나 상황에서 경기부양정책의 최대수혜자는 가진 자가 아닐까. 부가 편중된 세상의 폐단이다.

세금은 국가나 지방자치단체가 살림해나가는 재원이다. 공공서비스를 제공하고 국방, 교육, 보건 서비스 등을 제공하는 데 사용된다.

가진 자에게 거두어서 가난한 사람에게 사용하는 것이 과세의 윤리인 것이다.

그런데도 나는 세금을 내면서 억울하다고 생각했다. 나부터 생각을 바꾸고 마음가짐을 고쳐 잡아야 했지만, 쉬운 일이 아니었다. 나만 적법하게 내는 것 같아서 억울하다는 생각이 들었다. 세금은 아까운 것일뿐더러 남보다 더 내는 것은 바보 같은 짓이라고 생각했다. 세금에 대해서 부정적인 가치관을 가진 납세자 중 한 명이었다.

부패한 공직자는 물론, 남의 것을 빼앗는 범죄자에 대한 뉴스가 넘쳐난다. 하지만 아무리 세상이 험악하다고 해도 나쁜 사람보다 좋은 사람이 월등히 많다. 위정자나 부조리한 집단 일부에게 초점을 맞추어 억울해해서는 안 될 것이다. 나부터 세금을 바라보는 시각, 정부를 바라보는 관점을 바꿔야 한다. 세금에 대한 소시민적인 사고방식에서 조금이나마 벗어나겠다고 다짐해본다.

분노는
혼술을 부르고

술은 신체와 마음 그리고 대인관계에 큰 피해를 준다.

알버트 아인슈타인(Albert Einstein)

과시하고 싶었다. 만만한 사람 앞에서 우쭐댔다. 상식이 풍부하고 암기력도 좋다고 과시했다. 흙수저에서 자수성가한 사람이라고 내세웠다. 알고 보면 결핍 장애였다. 가난한 어린 시절을 겪었고 형, 누나보다 공부를 못해 무시당했던 기억이 있었다. 사업을 하면서도 실력만으로 돈을 번 것이 아니었다. 운때가 맞아 거저 얻은 것도 많은데 노력의 결과인 양 부풀렸다.

술에 취해 있을 때, 이러한 행동이 심해졌다. 술을 마시면 불안하고 초조해졌다. 언성이 높아지고 작은 일에도 싸움을 걸었다. 말이 많아지고, 내 말에 호응하지 않으면 시비를 걸었다. 사기꾼을 영입한 당사자는 나인데도 사기꾼만을 탓했다. 점점 알코올중독의 늪으로 빠져들었다.

어려서부터 술을 마셨지만, 중독이라고는 한 번도 생각하지 않았었다. 많이 마시지만 지친 심신을 달래주는 정도라고 생각했었다. 회사에 다닐 때는 퇴근하고 술자리에 어울리는 평범한 애주가 수준이었다. 사업을 하면서 흑자가 나자 여러 스태프를 고용했다. 맡았던 일을 다른 임원들에게 전가하자 시간이 많아졌다. 늘어난 시간에 낮술을 마시기 시작했다. 으레 점심을 먹을 때는 반주 삼아 술을 마셨다.

2017년부터 먹튀 사고가 일어났다. 초기지원금으로 빌려준 돈을 뜯기는 일이 연쇄적으로 일어났다. 보험설계사들이 가짜 계약을 넣고 첫 달에 1년 치 수수료를 먼저 받고 도망가는 일이 생겼다. 보험회사에서 받은 수수료를 환수당했지만, 이미 도망간 설계사에게 돌려받을 수 없었다.

여러 지역에서 연이어 사고가 터졌다. 자금난에 빠져 돈을 빌리는 신세가 되었다. 사채에 의존하기도 했다. 남 탓으로 돌리고 재수가 없다고 생각했다. 사기꾼들에게 분노가 치밀었다. 불과 2년 사이에 수십억 원의 돈을 잃었다.

그동안 모은 돈을 사기로 잃은 분노는 감당하기 어려웠다. 고1, 아버지의 죽음과 파산으로 겪었던 가난을 되풀이하지 않으려고 기를 쓰며 살아왔다. 가난을 대물림해서는 안 된다는 생각에 사로잡혀 있었다. 그래서 돈에 집착하는 마음은 자식을 사랑하는 마음 못지않게 중요했다.

이때부터 집에서 혼술을 했다. 아내 몰래 이불 속, 옷장 속에 술을 숨겨두었다. 아내가 잠들면 몰래 꺼내 홀짝홀짝 마셨다. 술이 없으면 잠을 잘 이루지 못했다. 수전증이 나타나 찌개를 떠먹기 힘들어졌다. 조금씩 알코올중독자로 전락해갔다.

중독은 무서운 질병이었다. 헤어 나오기 쉽지 않았다. 초고도비만자가 다이어트에 성공할 확률이 0.5%이고, 알코올중독자가 술을 끊을 확률은 0.1%라고 잘 아는 정신과 의사가 말했다. 알코올중독자 1,000명 중, 1명만이 단주에 성공할 만큼 회복하기 어렵다는 말이다.

혼술은 사무실에서도 계속되었다. 어제에 이어 아침부터 마시는 해장술도 습관이 되었다. 출근하자마자 사장실 소파에 홀로 앉아 홀짝거리며 마셨다. 소변이 마려우면 직원들이 근무하는 업무팀 공간을 지나서 복도로 가는데 내 자신이 부끄러웠다. 붉게 변한 얼굴을 보이기 민망했고 냄새를 풍기기 싫었다. 직원들 대부분이 나의 일탈을 알고는 있지만 부끄러운 마음을 감출 길이 없었다.

직원들보다는 보험설계사들에게 들킬까 봐 걱정되었다. 도망치듯 슬그머니 건물 밖으로 나와 택시를 잡아타고 집으로 갔다. 아내는 출근했고, 집에 강아지만 있었다. 방에 처박혀 종일 TV를 켜놓고 술을 마셨다. 마시다 보면 잠이 몰려왔다. 간밤에 모자란 수면을 술의 힘으로 채웠다. 아내가 퇴근할 때가 다가오면 이를 닦고 안 마신 것처럼 연기를 하곤 했다. 하지만 눈치 못 챌 아내가 아니었다. 이런 일상은 아내와 잦은 다툼을 빚었다. 그나마 아이들이 서울에 거주해서 다행이었다. 아빠의 무너진 모습을 보이지 않은 것에 감사할 따름이었다.

2009년, 공동대표를 영입한 이후 방종하는 마음이 커졌다. 그때까지 회사는 흑자 상태가 지속되었다. 거드름을 피우고 게을러졌다. 직접 챙기던 업무를 다른 임원에게 전가하고 뒤로 물러나 상왕 행세를 했다. 2017년 사기조직이 팀 단위로 우리 회사에 접근하게 된 것도 분명히 술 문제와 연관이 있을 것이다. 술에 취해 해롱해롱하는 '호구' 사장이 있다고 소문났을 것이었다. 이 틈을 사기꾼들이 노렸던 것이었다.

괴롭다는 핑계로 술을 찾았다. 아내에게 "이런 상황에 어떻게 술을 마시지 않을 수 있느냐?"라고 우겼다. 술은 도피처가 되었다. 술이 해결책이 되지 않는 것을 알면서도 술독에 빠져 헤어 나올 수 없었다. 사기꾼을 감옥에 넣으려면 수사를 받고 재판을 하고 추심도 해야 했다. 챙겨야 할 일이 많은데도 술독에 빠져 있으니 일은 더욱 꼬이고 실타래가 풀리지 않았다. 회사가 망하기 일보 직전까지 가고 있었다. 다행히도 회사는 아슬아슬하게 버텨냈다. 좋은 스태프들이 묵묵히 일해주었기 때문이었다.

중독에서 빠져나오려면 다른 어떤 것에 꽂히는 '대체중독'이 좋은 방법이라고 한다. 스위치를 바꾸듯이 다른 것에 중독되는 것이다. 종교를 갖는 것도 좋고 명상, 운동, 요가도 좋은 방법이다. 나도 술을 끊어내려는 일념으로 대체중독 대상을 찾으려고 노력했다. 2년 전에는 여러 명상 코스에 참여했다. 1년 전부터는 글쓰기에 중독되려고 노력했다. 창작하는 기쁨은 뿌듯한 성취감을 느끼게 해주었다. 1년 넘게 매일 5시간 이상 글을 쓰면서 하루하루 술을 마시지 않고 살아가고 있다.

중독이라고 해서 나쁜 것만 있는 것은 아니다. 나에게 글쓰기중독은 알코올중독을 몰아내는 도구이자, 세상의 선물이 되었다.

내가 왜 발을
오므리고 자야 하나

자신을 다스리는 게 어려운 것이지,
다른 사람들을 다스리는 것은 쉽다.

마하트마 간디(Mahatma Gandhi)

돈이 부족해 허덕였다. 급여일이 다가오면 잠을 잘 이루지 못했다. 며칠 잠을 설치다가 하루에 통잠을 잤다. 이자 내는 날, 카드대금 결제하는 날은 다리에 쥐가 나기도 하고 편두통이 오기도 했다. 지갑에 만 원 이상 있는 날이 드물었다. 오히려 땡전 한 푼 없는 날이 허다했다. 신용카드로 살아가는 가불 인생이라는 생각이 들었다.

"내일 급여 주려면 얼마가 모자랍니까?"

공동 대표에게 물었다. 돌아오는 답은 "1억 원이 모자랍니다." 또는 "5,000만 원은 있어야 사무실 임대료까지 낼 수 있겠는데요"였다. 머리가 터질 지경이었다. 허구한 날 부자라고 과시하던 마음이 남부끄러웠다.

유동성 부족은 사기를 당한 2017년부터 이어져오는 고질적인 문제였다. 오죽하면 지금까지도 영향이 미치고 있겠는가. 3년을 사기꾼에게, 그리고 3년은 코로나를 겪으며 오랫동안 자금난을 겪어왔다. 맞는 기준인지는 알 수 없지만, 순자산 100억 원이 있어야 대한민국 2% 부자에 든다는 말을 들은 적이 있었다. 순자산 100억 원은 나의 경우에도 언감생심 도달하기 힘든 숫자였다.

급여일이 되었다. 급여까지는 간신히 지급할 수 있을 것 같다. 통신비와 수도 광열비, 렌탈 비용까지도 결제할 수 있다. 하지만, 말일에 지급해야 하는 임차료, 관리비, 법인카드를 결제할 수천만 원이 모자란다. 이런 상황이 되면 받아야 할 돈, 추심하고 있지만 못 받는 돈 생각에 꽂힌다.

'그 돈을 조금만 받아도 이런 고민은 안 해도 되는데, 내가 왜 억울해하면서 발을 오므리고 자야 하나? 도둑들은 발 뻗고 잘 텐데…' 꼬리에 꼬리를 물고 분노가 치밀어 오른다.

사채를 빌려야 했다. 엎친 데 덮친 격으로 시중금리가 오르면서 사채이자도 올랐다. 앞서 말한 친구, 후배에게 빌려 쓰는 것이지만 시중금리가 오르면 그들에게도 이자를 높여주어야 했다.

아무리 돈이 모자라도 여태까지 이자를 갚거나 카드 결제, 임차료 등을 연체하지는 않았다. 철칙이었다. 신용을 지켜서인지 돈을 빌리는데 큰 어려움은 없었다. 그렇다고 좋아할 일은 아니었다. 빚으로 쳇바퀴를 도는 인생은 근심 걱정을 안고 살아가게 했다. 속상한 마음은 표정으로 나타났다. 남을 대할 때 어두운 낯빛이 되었다. TV를 보거나 책을 읽어도 내용에 집중할 수 없었다.

자금이 부족하면 1층 길거리로 내려가 전화를 해야 했다. 직원들 귀에 들리게 사무실이나 복도에서 돈 빌리는 전화를 걸 수 없었다.

"O사장! 납니다. 1억 원 빌린 거 500만 원씩 갚고 있지요. 아직도 반 넘게 남은 거 압니다. 근데 부탁이 있어서요. 돈이 모자라요. 코로나 끝나면 나아질 줄 알았는데 매출 회복이 잘 안 됩니다. 그래서 말인데요. 2,000만 원을 추가로 빌릴 수 있을까요? 1,000만 원씩 두 달에 나누어 갚을게요. 이자는 똑같은 방식으로 정산하고요."

서로 알고 지낸 지 5년쯤 된 현금 부자 후배와의 통화 내용이다.

받을 돈은 받지 못하고 이자를 주며 돈을 빌리려니 분노가 치밀었다. 한심한 모습에 스스로를 비하했다. 잊기 위해 술을 찾았다. 재작년까지 그랬다. 다른 사람에게 이야기하지 못하고, 임원들에게 의지할 수도 없었다. 마음 한편에 이미 뜯긴 돈이라고 포기한 90%의 채권이 있었다. 하지만 받을 수 있다고 생각하는 10%의 채권이 끊임없이 기대심을 자극했다. 재촉하면 받을 수 있을 것 같았다. 아내는 "채권을 포기하고 새롭게 돈 버는 데 에너지를 쏟으며 살라"고 했지만, 말처럼 쉽지 않았다. 가슴속에서 화가 치밀어 올랐다. '화병'이었다.

기회비용이라는 경제용어가 있다. 어떤 품목을 생산할 때 자금이 넉넉지 못한 경우, 다른 품목은 생산 기회를 놓친다. 한 품목의 생산을 통해 얻은 수익을 생산을 포기한 품목의 예상 수익으로 환산한 값을

'기회비용'이라고 한다. 누구에게나 '산다'는 것은 선택의 연속이다. 하나를 얻으면 하나를 포기해야 하는 경우가 많다. 포기하는 가치, 이것이 기회비용이다.

A를 스카우트하면서 비용을 투자하게 되면, B의 스카우트를 포기해야 했다. 있는 자금으로 최대의 효율을 기하기 위해 요리조리 머리를 굴리며 선택해야 했다.

얼마 전, 국내 대부업 1위인 '러시앤캐시'가 신규 신용대출을 전면 중지했다. 법정 최고금리가 20%로 막혀 있어 고객에게 더 높은 이자를 받을 수 없다. 최근에 금리가 치솟아 금융기관이 자금을 조달하는 금리도 덩달아 올랐다. 대부업체 또한 기회비용이 오른 것이다. 대부업은 주로 저신용자를 대상으로 사업을 한다. 당연히 다른 금융업보다 대출금을 회수하지 못할 리스크가 크다. 대부업체 입장에서도 고금리로 자금을 조달하다 보니 사업을 지속할수록 영업위험이 커지게 된다.

대부업체 이용이 막히면 서민, 저신용자 등 취약계층이 불법 사금융으로 내몰릴 것이다. 개인파산도 늘 것이다. 금리 인상으로 기업의 설비 투자가 위축되고 유동성은 국가, 은행, 기업으로 몰릴 것이다. 대기업은 유동성을 유보하고 때를 기다리려고 한다. 은행은 대출에 나서고 싶지만, 정부의 LTV니, DSR이니, 규제에 발목이 묶인다. 이사이에 부자들은 금융권의 한시적 특판 상품에 가입해 고금리의 수혜를 누리면서 더 큰 부자가 될 수 있다.

결국 빈부격차는 더 심해질 것이다. 장사하는 상인들은 경기가 나쁘다고 한숨을 내쉴 것이다. 살기에 팍팍하다고 하소연하는 사람들도 늘어날 것이다. '기울어진 운동장'이라는 말이 있다. 축구를 하는데 운동장이 자기 팀 골대 쪽으로 기울어져 있어서 상대편만 골을 넣기 쉽다는 뜻이다. 다른 사람들에 비해서 자기가 불리한 세력이라는 것이다. 차별은 엄연히 존재한다. 지금처럼 고금리에 고물가가 지속되면 부의 양극화는 더 심해질 것이다.

금융 생활에 있어서 나는 반성해야 할 점이 많다. 한 달씩 신용카드에 빚지고 돌아가는 패턴을 바로잡아야 한다. 회사도 손익분기점을 되찾아야 한다. 그러기 위해서는 새로운 투자를 자제해야 한다. 긴축을 통해 뒤틀린 살림의 골격을 바로잡아야 할 때다.

이제는 발 뻗고 자야 한다. 나이가 환갑이니 몸도 마음도 잘 챙겨야 한다. 포기해야 할 채권은 포기해야 한다. 얼마 전, 여러 건의 전자소송을 취하했다. 채권추심을 포기한 것이다. 그래야 내 수명대로 살 수 있을 것 같았다. 죗값을 받아야 할 정도로 사기를 친 사람은 용서할 수 없다. 하지만 펑크 난 살림을 메우려고 다른 곳에서 돈을 돌려 막다가 본의 아니게 부채의 늪에 빠진 사람들이 있다. 그들을 용서하려고 하는 것이다. 채권을 포기하는 것이 그네들을 돕는 것이기도 하지만, 더 중요한 것은 내 정신건강에 도움이 된다는 사실이다. 너그러운 사람이기 이전에 스스로의 행복과 안녕을 찾는 사람이 되는 게 먼저다.

투옥에도
풀리지 않는 분통

세상에서 가장 어리석은 인간은 자기가 잘하는 것을 하지 않고,
못하는 것을 잘하려고 노력하는 사람이다.

피터 드러커

사기에 대한 사전적 정의는 '사실을 오인시키는 방법으로 남을 속여서 경제적 이득을 얻는 행위'다. 자기의 이익을 위해 상대의 간절한 마음을 고의로 이용하는 범죄다. 보이스피싱을 예로 들어본다. 피해자들은 무엇에 씌인 것처럼 의심할 마음의 여유를 잃는다. 가해자는 피해자를 절박하고 초조하게 만들어 판단을 흐리게 한다.

사기꾼은 의심을 받으면 더욱 거짓말을 일삼는다. 돈을 갚겠다는 사기꾼의 계속되는 거짓말에 낙심하게 된다. 시간이 지나면서 돈을 돌려받을 가능성이 없다는 것을 알게 된다. 결국, 기대하는 마음을 내려놓고 포기하는 단계에 이르게 된다. 이 정도에 이르면 사기꾼을 더 이상 인간으로 대할 마음이 없어진다. 내 돈을 가져가도 부자가 되지 않겠지만 피해당한 분노는 사그라지지 않는다. 자신의 어리석음에 대한 자책에 빠진다.

사기꾼을 처음으로 감옥에 보낸 것은 2010년이었다. 사업 8년 만에 서울 사무실에서 첫 먹튀 사건이 일어났다. 2009년, 두 남자가 입사했다. 젊고 말쑥한 정장을 차려입은 젠틀맨으로 보였다. 1년이 지나지 않아 사고가 났다. 생계형 먹튀였다. 버는 것에 비해 지출이 크다 보니 빚이 늘어났고 감당을 못 하자 만세를 부르고 잠적한 것이었다.

양심에 걸렸는지 한 명이 자살 시도를 했다. 일부러 차를 가드레일에 부딪쳐 큰 부상을 당했다. 병원에 찾아가 보니 양심에 가책을 느껴서 일부러 죽으려고 했다고 말했다. 자동차보험을 가입한 회사에 보험금을 압류했고, 보험금의 절반을 회수했다. 법에 의해 보험금의 절반만 추심이 가능했기 때문이었다. 나머지 채권은 받는 것을 단념했다. 입원한 모습도 안타까웠지만, 자살을 시도했다는 말에 잔인하게 추심할 수 없었다. 다른 한 명은 도주했다. 수배했고 경찰이 검거해 결국은 의정부교도소에 투옥시켰다. 이 사람은 축구선수 출신이었다. 올림픽 대표 감독을 지낸 H감독과도 절친한 사이였다. 아킬레스건이 끊어지는 부상을 당해 축구를 그만두었던 비운의 선수 출신이었다.

2017년부터 떼거리로 사기 조직이 유입되어 여기저기서 먹튀 사고가 발생했다. 고소하고 나서도 형법상 사기죄를 입증하기가 쉽지 않았다. 돈을 빌릴 때부터 변제 의사가 없이 고의로 돈을 편취했다는 것을 입증해야 했다. '갚으려고 했는데 살다 보니 잘 안되더라. 그래서 돈을 갚지 못했다'라고 하면 형사고발을 해도 아무 소용이 없었다. 계약자와 짜고 가짜 계약을 체결했고 모니터링에도 거짓으로 녹취한 증거, 보험료를 계약자가 아닌 보험설계사가 납입한 증거를 제시해야 사기로 고소할 수 있었다.

2018년에 인천에서 일어난 사고를 예로 들어보겠다. 50대 중반의 부인이 지점장을 맡았고 남편은 보험설계사였다. 둘은 사실혼 관계였다. 남편은 에버리지 2,000의 프로당구 선수 출신이었다. 당구를 가르치면서 당구를 배우는 사람들을 대상으로 보험영업을 했다. 업무를 보조하는 총무사원은 지점장의 아들이었다. 남편의 형도 보험설계사였다. 가족 사기단이었다.

사고가 터지자 모든 계약자에게 내용증명을 보냈다. "보험료는 내가 낼 테니 이름만 빌려 달라', '모니터링 전화 와서 자필 서명을 했느냐, 상품 설명 들었냐고 물어보면 무조건, 예라고 대답만 해라"라고 권유한 증거를 수집했다. 가족 4명을 포함해 다른 설계사들까지 고발했다. 변호사를 선임해 소송을 진행했다. 2년이 넘게 걸렸지만, 지점장만 투옥시킬 수 있었다. 그녀는 지금 옥살이 중이다.

얼마 전, 이 여자가 ○○암에 걸려 귀도 어두워지고 글씨도 알아보지 못하니 감옥에서 빼달라며 남편이 면담을 요청해왔다. 2,000만 원을 가져오고 제삼자의 부동산 근저당으로 8,000만 원을 설정해줄 테니 합의해달라고 했다. 합의서를 법원에 제출해 보석허가를 받으려고 하는 것이었다. 받기를 포기한 사고금액 5억 원의 1/5이라도 받는 것이 낫지 않겠느냐는 공동대표의 말을 받아들이지 않았다. 남편의 제안을 거절했다. 돈을 받는 것보다는 죗값을 받게 하고 싶었다. 꽤 시간이 지났지만 용서가 되지 않았다. 당시, 급여를 줄 돈이 없어 사채를 빌리러 동분서주한 고통을 생각하면 분통이 터졌다. 인제 와서 쉽사리 매듭짓고 싶지 않았다. 주범 1명밖에 감방에 못 넣었지만, 이 사람이라도 응징해야겠다는 마음이 여전히 남아 있었다.

연신 자기 자랑을 하는 부류가 있다. 이번 달에는 O천만 원밖에 못 벌었다고 하거나 세금을 O천만 원 냈더니 돈이 없다고 너스레를 떤다. 자수성가형 졸부들에게서 자주 볼 수 있는 유형이다. 나도 비슷한 스타일이다.

알부자들은 웬만해선는 자랑하지 않는다. 번지르르하게 말 많은 사람치고 진짜 부자가 없다. 진짜 부자는 굳이 내세울 필요가 없다. 오히려 자신에게 부족한 것을 공부하면서 성장한다. 배운 것을 앞으로의 사업에 반영하는 것이 성공의 바탕이라고 생각한다.

연쇄적으로 사기를 당할 때의 나를 복기해보겠다.

첫째, 겸손을 잃었다. 기고만장했고 자랑을 일삼았다. 돈이 많다고 소문나기를 바랐다. 결과는 불을 보듯 뻔했다. 사기꾼이 꼬여 들었고 좋은 사람을 고르는 변별력을 잃었다. 둘째, 우월감에 빠졌다. '나는 당신과 달라. 당신보다 위에 있는 사람이야'라는 남다름을 내보이고 싶었다. 어렸을 때부터 가지고 있던 열등감을 감추려는 방어기제였는지도 몰랐다. 고난을 이겨내고 자수성가한 사람이라고 인정받고 싶어 했다. 셋째, 상대방의 의도를 잘 알아차리지 못했다. 마음속으로 갈등하

지만 '화끈하게 결정하고 언행일치하는 사람'으로 비추어지기를 원했
다. 결핍을 느꼈던 금전적인 부분이 충족되자 들뜬 나머지 판단력을
잃었다.

얼마 전, 별자리 운세 리딩을 받았다. 내 성향을 '새로운 날 새벽에
모든 것이 바뀌었음을 보여준다'라는 문장으로 정의할 수 있다고 했
다. 새로운 토대 위에서 새로움을 추구하는 경향이 있다는 것이다.

2030년부터 6년간 'Full Moon'이 온다고 한다. 그때가 전성기라는
말이다. 앞으로 좋아진다니 기분이 좋았다. 올해부터 물병자리에서 물
고기자리로 바뀌어 공감 능력이 높아지고 정서 에너지가 커질 것이라
고 한다.

얼마 전, 수사를 진행하던 소소한 사기 사건을 취하했다. 과거에 얽
매여 사는 것보다 새로운 미래를 찾아가는 것이 나을 것 같았다. 별자
리 운세에서 나온 대로 '재시작'이라는 말을 키워드로 남과 소통하고
공감하며 나를 확장해나가야겠다. 큰마음 먹고 별자리 운세를 믿어봐
야겠다.

사장의 하소연은
'공염불'

하소연은 습관이다. 해결책은 습관을 바꾸는 것이다.

에드워드 드 보노(Edward De Bono)

남들에게 주목받을 만한 사람이라고 착각했다. 주목받고 싶어서 애쓴 것인지도 몰랐다. 대부분의 사람들은 남의 일에 관심이 없다. 가족, 존경하는 위인, 멘토 등 자기가 알고 싶어 하는 사람이 아니면 특별히 주목하지 않는다.

이것을 아는 데 60년이 걸렸다. 좌중을 장악하고 이야기를 하면 상대가 유심히 듣는다고 생각해왔다. 가족 이야기, 어렸을 때 이야기, 군대 이야기를 재미있게 표현하는 사람이라고 생각했다. 자신에 대해 남을 잘 웃기고 흥미진진하게 말하는 사람이라고 생각했다. 하지만 나에게는 무척 중요한 일인데 조금 지나면 전혀 기억하지 못하는 사람들이 많았다. 축하받을 때도 진정성이 없었다. 카카오톡 메시지로 이모티콘 하나 보내고는 곧 잊어버렸다. 그제야 알게 되었다. 내가 윗사람이거나 나이 많은 사람이라서 듣는 척한 것이었다.

누구나 본인에게 유익한 내용만 듣는다. 요즘에는 정신없이 한참을 이야기하다가 불현듯 스스로를 뒤돌아본다. 주책을 부린 게 아닌지, 말을 너무 많이 한 것은 아닌지 살펴본다. 후회해도 소용없다. 이미 뱉은 말은 주워 담을 수 없기 때문이다. 구자화복지문(口者禍福之門), '입은 화를 부르기도 복을 부르기도 한다'라는 뜻이다. 서예가에게 글씨 선물을 받아 표구해서 사무실 벽에 10년 이상 걸어놓은 적이 있었다. 사무실을 옮기며 나이 지긋한 지인에게 선물로 주었다.

연거푸 사기를 당하며 사람들에게 하소연했다. 억울하다고 말했다. 왜 내가 이런 처지가 되었는지 넋두리했다. 화를 못 이겨 술을 마시고 푸념을 일삼는 일이 많았다. 알고 보면, 내 고통은 남에게 아무것도 아니었다. 나 혼자 징징거리고 있는 것뿐이었다. 내 손에 가시가 박혀 아프다고 호들갑을 떨어봤자 상대는 무심하게 들을 뿐이었다.

"나한테 마가 끼었나 봐! 자꾸 사기꾼이 꼬여 들어. 내가 어쨌다고 하늘이 나를 시험대에 올리는 걸까?", "미친개한테 물렸다고 생각해야 하나?"라고 시작하며 장황하게 늘어놓았다. 이런 이야기를 들으면 진심으로 공감해줄 것으로 생각했다. 특히, 회사의 임원에게는 특별하게 기대하는 마음이 있었다. 하지만 그들도 급여생활자였다. 모든 책임은 사장이 지는 것이고 오너의 몫이었다. '종로에서 뺨 맞고 한강에 가서 눈 흘긴다'라는 속담이 있다. 내가 하소연을 하는 순간, '회사가 어렵구나. 나를 자르려고 말하는 것은 아닌가?', '그래서 어쩌라고, 내 코가 석 자인데 왜 허구한 날 나한테 징징대나?', '또 시작이구나. 언제가 되어야 지긋지긋한 말을 멈추려나?' 속으로 이렇게 생각할 수도 있었다. 나도 남의 푸념을 이렇게 받아들일 때가 많았으니까.

불평불만을 하는 것도 습관이었다. 친구에게 수다를 떨어서 공감을 받는다고 해도 속이 시원해지지 않았다. 조금이나마 나를 이해하는 친구가 있다는 정도의 위안을 받을 뿐이었다.

코로나라는 예기치 못했던 상황이 닥쳤다. 사람들이 서로 만날 수 없게 되었다. 대면 영업으로 살아가는 설계사 모두에게 위기가 닥쳤다. 만남이 안 되니 보험에 가입할 의사가 있어도 찾아갈 수 없었다. 보험회사가 재빠르게 언택 시스템인 전자서명 제도를 도입했지만, 전산 인프라를 만드는 데 수개월의 시간이 걸렸다. 보험계약 실적이 1/3로 떨어졌다. 회사 수입은 반토막이 되었지만, 고정비인 인건비와 임차료는 변동이 없었다. 현금이 부족한 상황이 초래되었다.

먹튀 사고를 정비하고 자금난의 고비를 간신히 넘어온 상황이었다. 그런데 회사가 안정을 찾을 겨를도 없이 코로나라는 복병을 만난 것이었다. 사업자금이 부족해 불법 사채업자를 다시 찾아야 할 판이었다. 3명의 임원을 호출했다. 공동대표와 CFO, 그리고 COO였다. 회사 사정을 설명하고 "살아도 같이 살고 죽어도 같이 죽자"라고 말했다. 먹튀 사고를 견뎌오느라 기진맥진해 있었고, 나의 개인 자금까지 고갈된 상황을 그들은 알고 있었다. 나는 신용점수가 하락해 대출길이 막혀 있었던 상황이었다. 3명이 신용대출을 받아 9,000만 원을 만들어주었다. 그달의 자금 위기를 무사히 지날 수 있었다. 도와준 스태프들이 굉장히 고마웠다. 1년 뒤, 대출을 연장하지 않고 모두 갚아주었다.

몇 달이면 끝날 줄 알았던 코로나의 충격에서 헤어 나오지 못하자 대책을 세워야 했다. 온라인으로 전국지점장 회의를 소집했다. 먹튀, 코로나, 자금의 고갈을 설명했다. 대부분의 지점장들은 회사 사정에 관심이 없었다. 본인, 그리고 자기네 지점의 설계사 급여가 안 나올까 봐 걱정에 휩싸일 뿐이었다. 대책 회의는 아무런 성과 없이 끝났다. 친구에게 추가로 돈을 꾸고 이자를 지불하는 일이 반복되었다. 코로나의 힘겨운 터널 3년을 이렇게 빚을 돌려 막아가며 지나왔다.

나는 〈이태원 클라쓰〉라는 드라마를 굉장히 좋아한다. 5번 이상 시청했고, 출연한 모든 배우의 팬이 되었다. 드라마에서 주인공 박새로이(박서준 분)는 아버지를 죽인 원수 집안과 끝없이 부딪치며 역경을 헤쳐나간다.

"제가 원하는 건 자유입니다. 누구도 저와 제 사람들을 건들지 못하도록 제 말, 행동에 힘이 실리고 어떠한 부당함도 누군가에게도 휘둘리지 않는, 제 삶의 주체가 저인 게 당연한 소신의 대가가 없는 그런 삶을 살고 싶습니다."

박새로이의 대사다. 이 말을 들은 박새로이의 협력자인 강민정 이사(김혜은 분)의 답변도 압권이다.

"이상주의자에 두루뭉술 말장난. 맘에 드네. 그 잘난 자유, 같이 맛 좀 보자."

주인공은 무릎 한 번 꿇지 못해 전과자가 되었고, 하나씩 복수를 이루어나간다. 불합리한 세상에 맞서나가는 청춘들의 이야기다. 박새로이는 장사에서 가장 중요한 것은 사람이라고 말한다. 자기 사람들을 지키는 것을 가장 높은 가치로 여긴다.

"새로이는 거짓말 안 해."

오수아(권나라 분)의 대사다. 주인공은 거짓 없이 행동하고 말한다. 뱉은 말은 지키면서 소신을 굽히지 않는다.

사장으로서 나는 어떠한 캐릭터인가? 드라마 주인공처럼 멋진 성격의 소유자는 아니다. 내 것을 우선으로 챙긴 적이 많았다. 공염불인 줄 알면서도 힘들고 지친 나를 알아달라고 스태프에게 애걸복걸했다. 가족에게도 마찬가지였다. 남편이, 아빠가 힘들게 돈 벌어오는 것을 인정받고 싶었다. 사기꾼이 꼬이게 된 씨앗을 내가 뿌리고도 남 탓만 하며 신세 한탄을 했다. 이면지 써라, 물 아껴라 등등, 작은 경비까지 아끼려는 속셈이었지만 "기름 한 방울 안 나오는 나라니까 아껴야 한다"라면서 애국자인 양 명분을 만들었다. 하지만 사장의 하소연은 공염불이다. 안 하느니만 못하다. 작은 것을 꼬치꼬치 지적하지 마라. 회사의 어려움을 소문내지 마라. 사장의 고뇌를 부풀리지 마라. 드러내지 않으면 더욱 좋다.

사장도 경영을 통해 더 큰 이익을 얻으려고 하는 것이다. 사회에 대한 봉사와 책임을 가치로 사업하는 경우도 있겠지만 보기 드문 경우다. 대부분의 사장은 돈을 벌려고 사업을 한다. 직원들의 자긍심과 애사심을 고취시키고 소속감을 높이는 이유도 수익의 극대화를 추구하기 위해서다. 이윤이 곧 사장의 수입이기 때문이다.

사장은 하소연뿐만 아니라 모든 말을 조심해야 한다.

"말이 있기에 사람이 짐승보다 낫다. 그러나 바르게 말하지 않으면 짐승이 그대보다 나을 것이다."

이란의 시인 사아디 시라즈(Saadi Shirazi)의 말이다. 시인 오광수의 시구에 '좋은 말을 하면 좋은 사람이 되고 아름다운 말을 하면 아름다운 사람이 된다'라는 글도 있다. 아름다운 말까지는 아니더라도 따뜻한 말, 고운 말, 직원들을 힘 나게 하는 말을 하는 사장이 되어야 하겠다.

번아웃증후군

한가로운 시간은 그 무엇과도 바꿀 수 없는 재산이다.

소크라테스(Socrates)

번아웃은 한자어로 소진(燒盡) 또는 탈진으로 풀어쓸 수 있다. 일하다가 극심한 육체적·정신적 피로를 느껴 열정과 성취감을 잃어버리는 증상이다. 에델위치(Edelwich)와 브로드스키(Brodsky)라는 학자는 번아웃증후군의 진행 과정을 '1. 열성 2. 침체 3. 좌절 4. 무관심'의 4단계로 구분했다. 열성 단계는 열정이 넘치고 성취감을 느끼는 단계다. 슬슬 흥미를 잃는 단계가 침체기이고 자신의 직무에 회의감이 들고 일의 가치를 잃어가는 좌절의 단계를 지나게 된다. 마지막, 무관심의 단계는 어쩔 수 없이 직무를 버텨내지만 극심한 스트레스에 시달리는 단계다. '기권'을 선언하고 싶어 하며 퇴사나 은퇴를 염두에 두기 시작한다.

번아웃이 오기 시작하면 잘 먹고, 잘 쉬고, 잘 자라고 의사들이 말한다. 하던 일을 멈추고 운동을 하거나 명상, 취미생활을 하는 것으로 분

위기를 바꾸라고 한다.

번아웃 상태는 보통 무기력증과 우울증을 동반한다. 울적해지고 가슴이 답답해진다. 미래의 불확실성과 마주할 용기가 나지 않는다. 그렇다면 사장은 언제 번아웃이 올까?

첫째, 사업을 하는데 손익분기점이 오지 않을 때다. 또는 침체의 늪에서 빠져나왔지만 언제 흑자로 바뀔지 알 수 없을 때다. 앞이 보이지 않을 때 번아웃이 온다는 말이다. 둘째, 쳇바퀴 도는 일상에 심신이 지쳐 있을 때다. 타성에 젖어 일에 흥미가 없다. 이렇게 일이 재미가 없어질 때도 번아웃이 온다. 셋째, 나이가 들어서 실무를 내려놓지 못하거나 부하직원을 믿지 못해 중요한 일을 직접 챙기는 유형의 사장에게 번아웃이 올 가능성이 크다. 젊어 고생은 사서도 한다고, 젊음을 일하는 것으로 불태워왔다. 하지만 나이가 들었고 사업에서 성공을 거두었으니 좀 쉬고 싶다는 마음이 드는 것이다.

사장은 번아웃이 올 때 남다른 해소법을 찾아야 한다. 일하는 법을 바꾸어야 한다. 나는 주말에는 무조건 쉰다. 퇴근 후에도 쉰다. 급히 근조화환을 보내는 일 말고는 주말이나 퇴근 후에 직원에게 연락하지 않는다. 문자도 하지 않는다.

자기 직업과 상반되는 일을 찾아서 배우는 것도 좋다. 운동과 명상이 도움이 된다. 운동으로 몸을 추스르고 명상으로 마음을 달래주면 좋다. 세상을 보는 관점을 바꾸어 이타적인 삶, 긍정적인 태도를 보이면 뿌듯한 만족감이 들고 자존감이 높아진다.

1년 가까이 술을 마시지 않았다. 그런데도 아내가 "얼굴이 빨개요"라고 의심을 하면 화가 치민다. 직원들이 "힘들어 보여요", "얼굴에 뾰루지가 났네요. 피곤하신가 봐요?"라고 하면, 사람들이 술 마셨다고 의심하는 게 아닌지 의식하게 된다. 중독에 관해 쓰인 《빅북》이라는 외국책을 보면 이런 상태를 '감정적 숙취'라고 한다. 술을 마시지 않고 살아가는데도 실제 술 마실 때의 숙취와 비슷한 감정이 나타나는 것을 일컫는다. 이렇게 남을 원망하는 마음이 들어도 감정적 탈진, 번아웃을 경험하게 된다.

2009년, 과거 보험회사에 근무할 때, 영업소장으로 근무하던 후배가 찾아와 낮부터 술판을 벌였다. 후배가 솔깃한 제안을 했다.

"석면 해체라는 공사업이 있어요. 슬레이트 지붕이 다 석면인데요. 이게 발암물질이에요. 이것을 걷어내는 공사를 맡으면 큰돈을 벌 수 있어요."

학교 천장에 있는 텍스도 석면이고 슬레이트 지붕도 석면이었다. 세금이 많이 걷히니 국가에서 아이들의 공간인 학교부터 유해물질인 석면을 제거할 것이라고 생각했다. 사업성이 있다고 판단하고 토공 면허를 가지고 있는 건설회사를 인수했다. 건설업을 모르니 경력직의 전무와 사원을 고용했다. 사업을 권했던 후배를 이사에 앉히고 경영 전반을 맡아서 하도록 했다. 9년을 운영했다. 흑자를 본 적이 1년도 없었다. 후배만 남기고 다른 직원들을 해고하고 공사도 외부 실행 팀에게 하청을 주었지만, 적자를 면할 수 없었다. 이유는 간단했다. 관급공사만 고집했기 때문이었다. 민간공사는 대금을 떼이는 경우가 많다는 말에 지레 겁을 먹었다. 주된 사업이 보험업이었기에 건설업이 부도가 나서 주된 사업으로 불똥이 튈까 걱정되었다. 결국 사업을 접었다. 그동안의 적자도 적자지만, 가지고 있는 장비와 기계를 헐값에 팔았다. 허무해지고 상실감을 느껴 탈진, 번아웃이 왔다.

먹튀 사고와 코로나 기간, 2017년부터 6년 동안 여러 번 위기를 넘어왔다. 경영이 어려워지자 내가 자진해서 2021년 2월 회사에서 퇴직했다. 근로소득이 없어지고 사업소득과 배당소득만 받게 되었다. 회사 경영은 대부분 임원들이 꾸려나갔다. 사기당해 괴롭다는 핑계를 대며 술독에 빠졌다. 중독까지 이어져 병원 치료를 받았다. '알코올중독자'라는 낙인이 찍혔다. 인생 최대의 번아웃을 맞이하고 말았다.

사장이라고 강한 멘탈이 있는 것은 아니다. 다른 사람들보다 경험이 많고 도전하는 삶을 살아온 것은 맞다. 나도 우울을 겪고 결정을 두려워하고 고뇌했다. 나의 경우, 믿었던 직원에게 배신을 당했을 때가 가장 힘들었다. 창업 2년 후부터 같이해온 후배가 우리 회사 사람들 수십 명을 몰래 꼬드겨 회사를 차렸을 때의 배신감은 말로 표현할 수 없다. 사람에게 배신당한 아픔은 돈으로 사기를 당한 것보다 더 큰 아픔으로 남았다.

가장의 무게를 느끼는 남자들을 '아틀라스증후군'이라고 말한다. '슈퍼맘증후군'이나 '슈퍼대디증후군', 그리고 '슈퍼우먼증후군'도 있다. 번아웃증후군과 더불어 이들 신드롬의 특징이 있다. 완벽주의를 추구하고, 일에 지나치게 시달려서 온 것이 원인이 되어 생긴 것이다.

우리나라는 아직도 서열주의, 학벌주의가 만연하다. 학교, 직장에 좋은 부모가 되기까지, 완벽을 목표로 인생을 사는 사람이 많다. 이런 인생이라면 누가 번아웃을 겪지 않는단 말인가? 쉬어가자. 몸도 마음도 쉴 시간을 가져야 한다. 느긋하게 좌우를 살피면서 살아야 한다. 일도, 쉼도 챙기라.

제3장

군살 빼는
경영 일기

두 개의
사업을 접다

내가 부자인 이유는 틀렸을 때를 알기 때문이다.
기본적으로 내 실수를 인식함으로써 살아남을 수 있었다.

조지 소로스(George Soros)

씨앗 한 개가 싹을 틔우고 자라면 수백 개의 씨앗을 만들어낸다. 수백 배 증식하고 확장할 수 있는 것이다. 사람도 성공하고 확장하기를 원한다. 확장하려는 마음에도 여러 종류가 있다. 재산이나 명예욕 등 보통의 사람들이 원하는 욕망도 있고, 봉사하는 삶을 사는 사람들의 자비심에도 확장심리가 있다.

무엇보다 부를 확장하고 싶었다. 사업으로 생긴 잉여금으로 돈을 벌 수 있는 다른 아이템을 찾았다. 전문가를 고용해서 힘들이지 않고 손쉽게 돈 버는 방법이 무엇인지 궁리했다. 하지만 일선에서 물러나 뒤에서 거저 돈을 버는 것을 바라는 것은 실패로 가는 수순이었다. 몰입하지 않는 사람에게 돈벼락 맞을 일이 생길 리 없었다.

술에 취해 보고받으려는 사장의 자세는 '기고만장'이라는 단어로밖에 표현할 수 없었다. 게슴츠레한 눈으로 보고자를 응시했다. 듣는 둥 마는 둥 하면서도 고개를 끄덕였다. 뒤에 숨어서 입으로만 칭찬하거나 타박하는 사장이 되었다. 사업을 망친 최대요인은 단연코 술이었다.

2009년, 전문경영인을 고용하고 임원진을 구축했다. 경영진의 틀이 갖추어지니 시간이 남아돌았다. 돈 되는 다른 사업거리를 찾았다. 후배가 '석면해체업' 건설회사를 운영해보라고 권했다. 발암물질을 내포하고 있는 석면이 세상에서 빠르게 사라질 것이라고 생각했다. 정부 주도하에 어린아이들이 다니는 초등학교부터 시작해 온 나라 석면을 없앨 것이라고 생각했다. 빨리 이 사업에 발을 담가야 기회가 생길 것 같았다. 건설회사를 인수했고 관급공사에 매달렸다. 민간공사를 했다가 대금을 받지 못해 기존사업까지 영향을 끼치게 할 수 없었다. 관급공사만 하려고 하자 공사가 없어 노는 날이 많아졌고 적자가 지속되었다. 미적미적 9년을 끌다가 회사를 매각하고 사업을 접고 말았다.

2014년, 어머니가 돌아가셨다. 캐나다에 사는 셋째 형이 귀국했다. 형은 D조선해양의 자회사로 캐나다에 소재한 풍력발전기 제조회사의 대표이사를 지냈다. 사원 때부터 구매 파트에서 일한 무역전문가였다. 사람들의 수명이 늘어나고 건강에 관심이 많아지니 비타민을 수입해서 팔면 돈이 될 것 같았다. 형에게 동업 의사를 타진했다. 형도 내가 제시한 사업 비전을 유망하다고 생각하는 것 같았다. 어머니 상을 치른 다음 달, 캐나다 밴쿠버로 형을 찾아갔다. 형과 함께 꿀을 만드는 회사, 비타민을 만드는 회사를 방문했다. 한국으로 돌아왔다. 꿀은 수입량을 통제하는 쿼터제가 있어 수입하기가 쉽지 않았다. 하지만 비타민은 들여와서 판매하면 돈을 벌 수 있을 것 같았다. 형에게 모든 자금은 내가 낼 테니 업무를 맡아서 해달라고 하고, 한국에서의 숙소와 차량을 제공하기로 했다. 늘 고국을 그리워하던 형은 내 제안을 받아들였다. 부랴부랴 무역회사를 설립했다.

수입 절차는 까다로웠다. 식약처의 허가를 받는 것이 힘들었다. 비타민 수입허가에 어려움을 겪게 되자 일단 잼을 수입하기로 결정했다. 블루베리 등 각종 잼을 들여왔고 3종류를 묶어 선물세트를 만들었다. 수입하는 과정도 까다롭고 검역하는 절차도 번거로웠다. 유통도 어려웠다. 판로를 찾지 못해 고전했고, 재고가 창고에 쌓이게 되었다.

중국 산둥성에 있는 쯔보(Zibo)라는 도시에 있는 회사에서 그릇을 수입했다. 형과 중국으로 출장을 갔다. 중국 최대의 도매 시장이 있는 도시 이우와 상하이, 청도의 시장을 찾아다녔다. 헐값에 살 수 있는 물건이 널려 있었지만, 질이 떨어지거나 디자인이 시원찮았다. 결국 우리가 디자인의 시안을 주기로 하고, 그릇을 제작해 수입하기로 결정했다. 하지만 이것도 판매가 부진했다. 재고를 감당하지 못해 창고를 추가로 임차해야 했다. 나중에 그릇 16개를 포장한 4인 가족세트를 '땡처리'했다. 16개들이 한 박스를 1,000원에 팔았다. 재고를 소진해서 창고 임대료라도 아껴야 할 형편이었다.

두 가지 사업에서 얻은 경험을 정리해본다. 첫째, 잘 알지 못하는 분야를 택하는 실수를 범했다. 전문가를 영입해 도움을 받으면 될 거라는 안이한 생각을 했다. 건설업과 무역업에 대한 지식이 없이 덤빈 것이 실패의 원인이었다. 둘째, 주도면밀하지 못했다. 아이템을 선정하고 나서 세밀한 시장 조사가 필요했다. 판로를 찾고 A부터 Z까지의 사업 메커니즘을 만들어야 했다. 거창하지 않더라도 사업계획과 출구 전략이 필요했다. 트렌드를 읽는 매의 눈이 필요했지만, 술에 취한 멍한 눈빛으로 바라봤다. 중구난방이 되었고 체계가 잡히지 않아 실패를 불렀다. 셋째, 타이밍을 놓쳤다. 실패라는 판단이 서면 빠른 대응이 필요했다. 늑장 대응으로 9년이나 건설업을 접지 못했던 것처럼 무역업도 2년을 질질 끌며 폐업 정리를 못 했다. 아쉬움도 있다. 그릇과 잼은 실패했지만, 비타민류의 미래 시장을 전혀 예측하지 못했다. 나중에 비타민류의 엄청난 호황기가 왔다. 일반인들이 잘 모르던 오메가3, MSM, 코엔자임 Q10 등 많은 보조제가 얻게 될 인기를 예측하지 못했다. 코로나를 겪으며 TV 건강프로그램이 많아졌고, 건강보조식품 시장 규모가 기하급수적으로 커졌다. 비타민류의 수입을 해보지도 않고, 사업을 접은 것을 지금도 후회하고 있다.

잘못된 판단이 사업의 실패를 불렀다. 늑장 결정을 한 건설 부문과 지레 겁먹고 조기에 사업의 문을 닫은 무역업, 둘 다 판단이 틀렸다. 사업을 접는 타이밍을 잘못 잡았다. 사장은 때를 맞추어야 한다. 때만 잘 맞추어도 성공에 이르기 쉽다. 성공을 위한 길에는 진취성과 순발력이 필요하다. 아니다 싶은 사업을 빨리 멈추는 결정도 중요하다. 출구전략이 마련되어 있어야 한다는 말이다. 정에 이끌려 판단이 흐려지거나 아쉬움을 버리지 못하면 안 된다. 지금은 손실이 나지만 미래 성장 가능성이 있다면, 최소의 비용을 들이면서라도 끄나풀을 놓아서는 안 된다. 사장은 개인이기에 앞서 '회사'라는 관점에서도 목숨 줄 같은 존재이기 때문이다.

　밤새며 사업 아이템을 찾는 것을 좋아했다. 어느 것이 돈이 되는지 아이디어를 찾아가는 과정이 재미있었다. 창의적인 사람이라고 생각했다. 어쩌면 호기심이 많다고 표현하는 것이 맞을지도 모른다. 두 번의 사업을 접는 어려운 과정을 겪으며 얻은 교훈이 있다.

　첫째, 사업은 들어갈 때와 나갈 때의 시간을 잘 맞추어야 한다. 건설업은 하지 말았어야 했다. 무역업은 들어가는 시기는 좋았으나 나오는 타이밍을 잘못 잡았다. 섣부르게 나오고 말았다.

　둘째, 알고 해야 한다는 것이다. 두 사업 모두 전문지식이 없었다. 위기 상황에 부딪히면 순간의 고비만 넘으려고 했다. 중·장기적인 마스터플랜이 없었다. 전문가만 있으면 문제없을 줄 알았다. 사장은 사업 전부를 꿰뚫고 있어야 한다. 지식뿐만 아니라 유통 과정, 판매처 정보 등 흐름 전부를 알아야 한다.

　셋째, 인풋과 아웃풋에 대한 의사결정이 분명해야 한다. 애초부터 큰돈을 들일 마음이 없었다. 은행대출을 활용할 마음도 없었다. 있는 돈 범위 안에서 하려는 의도는 사업을 조심스럽게 해나가게 했다. 적자가 나면 인력 감축부터 생각했다. 부족한 부분을 채우는 게 아니고, 남는 부분을 버리는 우를 범하고 말았다.

　사장은 판단력과 함께 지식을 갖추어야만 한다. 큰 안목으로 돈과

인력을 조율하는 마술사가 되어야 한다. 사장은 사업이라는 교향곡을 연주하는 오케스트라의 지휘자 역할을 해야 한다. 변화무쌍한 전투에서 선봉장이 되기도 하고, 작전을 세우는 책사가 되기도 해야 한다. 중요한 것은 합리성, 중용의 마음, 결단성이다. 이 세 가지 중 하나라도 어긋나면 실패한다. 사장에게는 여러 가지 덕목이 필요하다. 난관을 헤쳐나가고 문제를 해결하는 능력까지 겸비한 만물박사가 되어야 한다.

코로나로 매출이
반토막

불확실성을 두려워하지 마라.
불확실성이 있는 곳에 큰 기회가 있다.

워런 버핏

난리도 이런 난리가 없었다. 세계대전도, 흑사병, 메르스도 조족지혈 (鳥足之血)이었다. 전쟁이나 천재지변이 무서운 거야 다 알지만, 바이러스가 큰 재앙이 될 거라고 예측한 사람은 아무도 없었다. 코로나로 미국에서 1억 명이 넘는 확진자와 100만 명이 넘는 사망자가 나왔다. 우리나라도 3,000만 명의 확진자와 3만 명이 넘는 사망자가 나왔다. 2020년 2월 신천지라는 종교집단의 감염 뉴스를 시작으로 온 나라가 바이러스 공포에 휩싸였다. 바이러스는 삽시간에 전국으로 번져나갔다. 지금은 접종을 받으라고 권해도 들은 체 만 체하지만, 1년 전까지만 해도 '죽음에 이르는 전염병'으로 생각했고 전 국민이 공포에 떨었다.

코로나는 세상의 질서를 흔들어놓았다. 비대면이 늘어나고 재택근무가 도입되었다. 명절에도 가족들이 모일 수 없었다. 사람들이 돌아다니지 않으니 자영업자들도, 일부 산업에 종사하는 사람들도 살아가는 데 휘청거릴 수밖에 없었다. 고객을 만나 자필 서명을 받아야 하는 보험영업 또한 계약체결이 힘들어졌다. 설계사의 소득도, 회사 매출도 반토막이 났다.

2017년부터 먹튀 사고가 일어나며 3년간 자금난을 겪어왔다. 2019년부터 먹튀 후유증에서 벗어나면서 회사 경영이 제자리를 잡아가기 시작했다. 우수 설계사들을 인솔해 동유럽과 중국에 다녀왔다. 어려운 상황에서도 함께 고생해준 사람들을 위해 여행으로 사기를 높였다.

활기차게 2020년을 맞았다. 사기꾼들이 없어지자 제2의 창업을 선언하고 담화문을 발표했다. 신년회를 겸해 회사 임원진들과 제주여행을 갔다. 슬슬 코로나가 번지고 있었지만, 위기감을 체감하는 사람들이 적었다. 마스크 착용 의무는 없었지만, 우리는 마스크를 쓰고 비행기에 탑승했다. 일부는 마스크를 쓰고, 나머지는 마스크 없이 평소처럼 무덤덤하게 받아들였다. 제주를 다녀오자마자 코로나 사망자가 나오더니 세상이 뒤집혔다. 세상은 온통 코로나 이야기뿐이고, TV에서는 종일 코로나 소식만 보도했다.

한 달 소득이 2,000만 원이 넘는 스타 설계사가 있었다. 이 직원의 소득이 반토막이 났다. 월 소득 1,000만 원이 넘는 10여 명의 우수 설계사도 마찬가지였다. 어떤 설계사는 200만 원을 받다가 50만 원으로 소득이 줄었다. 두세 달이면 끝날 줄 알았던 코로나 상황은 점점 심각해졌다. 누구나 매일 확진자 수를 확인하기 바빴다. 몇 년이 갈지도 모른다는 어두운 보도가 전파를 타고 흘러나왔다.

정부는 설계사에게 재난보조금을 지급했다. 하지만 우리 회사는 '중견기업'에 해당되어 어떤 혜택도 받을 수 없었다. 매출이 급감하면서 먹튀를 당했을 때처럼 자금 사정이 개선되지 않았다. 기나긴 코로나의 터널 3년이 이렇게 시작되었다.

'코로나 이코노믹스'라는 말이 생겨났다. 생산자와 소비자 사이에서 도매상, 소매점을 거치는 유통 프로세스가 흔들렸다. 온라인 소비가 늘어났고, 배달 시장이 기하급수적으로 커졌다. 역발상을 하는 사업가는 틈새시장에서도 부를 창출할 수 있었다. 사람들이 모이는 게 쉽지 않게 되자 모임과 강의가 온라인 플랫폼으로 흡수되었다. 새로운 메커니즘이 만들어졌다. 코로나로 흥하는 산업이 있는 반면, 죽을 쓰는 업종이 생겼다. 코로나로 인해 산업 부문에서도 양극화 현상이 생겼다.

보험설계사 수가 2/3로 줄고, 매출도 절반으로 줄었다. 북적이던 사무실에 빈자리가 많아졌다. 회사 공지사항을 공유하는 '밴드'라는 앱이 있었다. 전국 지점별로 20여 개의 밴드를 운영했다. 댓글이 주렁주렁 달리면서 활성화되었던 앱이었지만, 공지할 내용 없이 퇴직하는 사람을 앱에서 탈퇴시키느라 바빴다.

코로나 3년 동안 매달 수천만 원씩 모자란 고정비용을 감당하기 위해서 대출을 받고 집을 팔아야 했다. 사무실을 줄이고 직원들을 퇴직시켰다. 고단한 시간이었다. 회사 입장에서는 먹튀 3년에 이어 코로나까지 장장 6년 동안이나 자금난의 고비를 넘어야 했다.

코로나 기간, 어려웠던 터널을 지나면서 사장으로서 느낀 점이 많다. 최악의 상황에서도 버틸 수 있는 시스템이 있어야 한다는 것이다. 지표가 안 좋을 때만 비상 경영을 하는 것은 아니었다. 코로나처럼 누구 탓도 아니고 예기치 못하다가 생기는 비상 상황에 대비해야 했다. 그러기 위해서는 슬림한 경영, 효율 경영으로 전환해야 했다.

전문적인 말로 표현하면, 재무 건전성을 높이고 유동성을 충분히 확보해야 한다는 말이다. 거시적인 환경에 발 빠르게 대응할 수 있는 태스크포스 팀이 있다면 더 좋다. 코로나를 겪으면서 대부분의 사장이 외형의 확대보다 리스크 관리가 중요한 가치라는 것을 깨달았을 것이다.

나는 사장의 덕목으로 인재 중시, 전략적 사고, 근면한 자세, 탈권위, 승부사 기질이 필요하다고 생각한다. 물론, 리더십을 겸비하는 것은 기본이다. 공격적인 경영만이 정답은 아니다. 선택의 기로에서 합리적인 의사결정을 하기 위해서는 다른 사람과 소통하는 습관이 중요하다.

요즘 배달앱, 키오스크 주문시스템 등 디지털을 활용하는 시대가 되었다. 사장의 경영 기법도 현실에 맞게 탄력적으로 변해야 한다. 현장 경영과 시스템 경영을 적당히 섞어서 유연성을 키우면 어떨까? 시스템으로 의견수렴도 하면서 소통하고, 유연근무제를 도입해 직원들의 사기를 높여주어도 좋을 것이다. 업무량의 많고 적음에 따라 근무 시간을 설정하는 시스템을 '유연근무제'라고 한다. 이러한 근무제도의 도입이 소속감과 로열티를 고취시키는 감초 역할을 하는 묘수가 될 수도 있다.

코로나의 위기는 사장을 심판대에 올릴 만한 중차대한 계기였다. 아직도 완전히 끝나지 않은 코로나의 여정을 잘 이겨내고 있는 사장들은 이미 80점 이상의 성적표를 받은 것이나 다름없다. 코로나 3년, 어려움을 이겨낸 모든 사장들은 '대단한 사람'임이 분명하다. 국민의 한 사람, 사장의 한 사람으로서 그들에게 손뼉을 쳐주고 싶다.

두 번의 구조조정

이 세상은 승자에게는 따뜻하지만, 패자에게는 매정하다.

나폴레온 힐

LG경영연구원의 임지아 연구원이 〈Weekly 포커스〉에 기고한 글을 살펴본다.

"장수하는 기업들은 꾸준히 '버림'을 통해 경쟁기업과 차별화하고 고객의 가치를 만들어낸다."

기업이 어렵게 일구어온 자산을 버리는 것은 쉬운 결정은 아니다. 하지만 버릴 수 있는 용기를 가져야 한다. 인간수명이 느는 것과 대조적으로 기업의 수명은 날로 줄어들고 있다. 1935년, 평균 90년에 달하던 기업수명이 2015년에는 15년에 불과한 것으로 나타났다. 그는 이 글에서 '선택과 집중'으로 일부를 버리기로 결정하는 것이 미래 위기에 선제적으로 대응하는 것이라고 주장한다.

2012년, H화재에서 부장으로 퇴직한 친한 선배가 찾아왔다. 아직도 창창한 50대 나이인데 퇴직했다며, 우리 회사에서 근무할 수 있도록 해달라고 간청했다. 그에게 서울에서 제일 규모가 큰 사무실 경영을 맡겼다. 대표로 임명하고 외제승용차를 사용하도록 지원했다. 이미 2명의 대표이사가 있는데, 또 1명이 추가되어 회사에 우두머리가 너무 많은 기이한 모양새가 되었다.

그런데 2015년에 그를 잘라냈다. 모 보험회사에서 2년 넘게 매달 수백만 원씩 상납받다가 나에게 들켰다. 또 다른 보험회사에서는 자기 부인의 차 할부금으로 매달 100만 원이 넘는 돈을 지원받았다. 감옥에 처넣고 싶었지만, 25년 알고 지낸 정에 못 이겨 일부를 변상받고 회사에서 쫓아냈다.

사무실 문을 닫으면 집기 비품을 헐값에 처분하는 일이 생긴다. 아깝지만 받아들여야 한다. 동고동락했던 사람들과 결별하는 일은 어려웠다. 집기를 처분하는 일처럼 간단한 문제가 아니었다. "회사가 어렵다. 견뎌보려 했지만 도리가 없다"라고 설득하고 이해시키는 과정이 힘들고 구차했다. 사장의 잘못된 의사결정으로 초래된 상황을 죄 없는 사람에게 전가하는 것 같아 양심에 걸렸다. 하지만 구조조정을 통해 회사는 물론, 남은 사람들이라도 지켜내야 했다. 대를 위해 소를 희생할 수밖에 없었다.

2021년 2월, 을지로와 인천 부평구에 있는 사무실을 폐쇄했다. 근로소득을 받는 직원들을 해고했다. 을지로에 근무하는 직원에게 임대 지원했던 사택도 회수했다. 전주 출신의 직원이 서울에 근무하도록 회사에서 작은 오피스텔을 지원해왔었다. 폐쇄된 사무실에 출근하던 보험설계사들에게 근처 사무실로 옮겨 근무할 것을 권했지만, 다른 회사로 이적하는 사람이 많았다.

2022년 9월, 두 번째 구조조정을 실행했다. 실외마스크를 벗었지만 좀처럼 코로나 이전의 매출을 회복하지 못하고 있었다. 원주사옥 110평을 줄여 식당과 사무실로 임대를 놓았다. CMO로 근무하던 직원이 스스로 사직을 했다. 인천과 영등포 사무실에 근무하던 내근직원을 권고사직 처리했다.

가장 큰 문제는 공동대표를 하는 CEO와 회계를 책임지는 CFO를 설득하는 일이었다. 오랫동안 함께 경영 고비를 같이 겪어온 사이였다. 나를 대신해 재판에 참석하기도 하고 경찰, 검찰에 수사를 받으러 다니기도 했다. 국세청과 금융감독원 감사도 앞장서서 받았다. 이 2명에게 '탄력근무제'를 제시했다. 화, 수, 목요일 3일만 출근하고 급여의 40%를 반납하는 형태였다. 이는 일본의 미즈호은행이 2019년 6만 명의 직원을 대상으로 시행한 제도였다. 다른 직장을 다니는 것도, 창업까지도 허용하는 미즈호은행의 경영 방식을 신선하다고 생각해왔었다.

공동대표는 제안을 받아들였다. 그는 쉬는 날 도서관에 가서 부동산 공부를 했다. 경매에 입찰해 낙찰받기도 했다. 하지만 CFO는 감정이 상했다. 2002년 회사가 창업할 때부터 충성을 다했는데, 왜 본인이 희생당해야 하는지 받아들이지 못했다. 커피숍에서 따로 만나 이해를 구했지만 퇴사하겠다고 했다. 보험회사에 다니던 1998년, 내가 직접 면접을 봐서 채용했고, 2002년 창업 때부터 같이했던 멤버였다. 24년을 같이 알고 지냈으니 서로 집안사정까지 훤히 아는 사이였다.

　가슴이 아팠다. 주말을 맞아 딸이 집에 왔다. "OO 누나가 그만두었다. 일주일에 3일만 나오라고 했더니 화가 났는지 그만두고 말았다"라고 했더니 딸이 "어떡해요. OO 누나는 몇 십 년을 함께했는데. 아빠가 사과하고 다시 나오라고 해요"라고 말했다. 딸의 권유가 아니더라도 많은 고민을 한 것이 사실이었다. 업무 능력도 출중하고 꾀부리지 않는 사람이었다. 고민했지만 탄력근무를 수용할 수 없다며 퇴직의사를 내비친 이상 사직서를 수리하는 게 맞다고 판단했다. 남아 있는 직원들이 자기에게 불똥이 튈까 봐 걱정하는 마음도 감안해야 했다.

　어려운 과정을 겪으며 키워 온 사람, 능력 있는 사람, 회사에 필요한 사람을 경영 악화를 이유로 내보내는 일은 가슴이 아팠다. 그런데도 회사가 무너질 위기라고 판단해서 구조조정을 단행했다.

　구조조정을 앞두고 고뇌가 깊어졌다. 어느 정도를 도려낼 것인지, 어느 시점에 할 것인지 고민에 빠졌다. 회사도 살아 있는 인격체라는 관점에서 바라봐야 했다. 많은 사람을 위해 작은 아픔을 감수해야 했다. 3년의 먹튀 고비와 3년의 코로나를 버티다가 단행했지만, 경영이 어려워진 것은 전적으로 내 탓이었다. 나의 판단착오에서 먹튀 사고가 발생했다. 사기당한 아픔을 이겨내지 못하고, 알코올중독자로 전락해 판단력을 잃었다. 술독에 빠져 회사 일을 나 몰라라 하더니 위기가 오자 직원들에게 희생을 강요했다. 물론, 자금난을 겪을 때 사채를 돌려 막거나 회사의 파산을 막느라 동분서주한 것은 사실이었다.

사업에서 포지셔닝은 사람 다음으로 중요한 가치다. 회사와 제품의 가치를 제대로 알리는 것은 성패를 좌우할 만한 사안이다. 아이디어와 꿈을 가진 사람들이 실리콘밸리에 모여든다. 이곳은 어떤 사람에게는 기회의 땅이다. 하지만 어떤 사람에게는 사업을 하기에 가장 위험한 곳이기도 하다. 아이디어와 돈만 있다고 성공할 수는 없다. 시시각각 변하는 사업생태계에서 성공할 수 있는 가장 튼튼한 기반은 무엇일까? 첨단 지식이나 돈보다도 더 중요한 주춧돌은 사람이다. 사업에서 사람의 가치보다 중요한 것은 없다. 당신 주변에 믿을 만한 사람, 너그러운 사람, 균형 잡힌 사람이 모여들도록 하라. 이것은 당신부터 남에게 믿음을 주고 너그러우며 균형 잡힌 사람이 되어야 가능하다는 것을 명심하라. 성공과 부를 다룬 책과 성공한 경영자들이 공통적으로 주장하는 키워드도 사람이다.

"성공하는 CEO는 결과가 나쁠 때 창문 밖이 아니라 거울을 들여다보며 자신에게 책임을 돌리고, 다른 사람이나 외부 요인들 그리고 불운을 원망하지 않는다."

스탠퍼드대학교 경영대학원 교수인 짐 콜린스(Jim Collins)의 말이다.

나의 최애 드라마인 〈이태원 클라쓰〉에서 주인공 '박새로이'는 여주인공인 '조이서(김다미 분)' 매니저에게 "왜 날 위한다고 하는 행동이 내 사람들을 자르는 거냐고?"라는 대사가 있다. 나는 박새로이처럼 끝까지 직원을 지켜주지 못했다. 20년 이상을 함께한 CFO의 마지막 잔상은 지금도 마음 한편에 후회로 남아 있다.

초심을 잃어가다

어른들 누구나 어린아이였다. 그러나 그것을 기억하는 어른은 별로 없다.

생텍쥐페리(Antoine Marie Roger De Saint Exupery), 《어린왕자》

해마다 연초가 되면 다짐을 한다. '올해, 이것만은 반드시 하겠다'라고 목표를 세우지만 '작심삼일'이 되기 일쑤였다. 시간이 지나면 흐지부지되고 잊혀졌다.

17살, 집안의 파산을 겪으면서 나는 자식들에게 가난을 대물림하지 않아야겠다고 마음먹었다. 부를 일구어서 파산한 집안을 다시 일으켜 세우고 싶었다. 하지만 사업을 하겠다는 결심은 오락가락 흔들렸다. 직장생활을 하다 보니 최고경영자까지 승진하고 싶었다. 한편으로는 하루라도 빨리 퇴직해서 사업을 해야겠다는 마음도 있었다. 그러다가 코스닥의 닷컴 열풍에 빠져 주식 투자로 전 재산을 잃었다. 3년 후, 회사가 M&A되자 준비 없이 사업의 길에 들어서게 되었다.

큰돈을 들이지 않았다고 하더라도 사업에 뛰어들 때 두려움이 있었다. 초등학교 2학년, 1학년에 다니는 연년생 아이들을 둔 가장의 책임에 짓눌렸다. 함께할 설계사를 모집하는 일이 힘겨웠다. 그저 나를 믿고 함께 어려움을 헤쳐나가자고 설득했다. 큰돈을 들여 번쩍번쩍한 사무실을 오픈한 것도 아니었다. 중고 집기와 남의 사무실 귀퉁이를 무상으로 제공받아 시작했다.

'이 정도로 시작하는 것도 다행이다'라는 초심이 있었다. 작은 출발을 받아들이는 마음이었다. 당시의 마음을 되짚어보면 다음과 같다.

첫째, 비록 작게 시작하지만 크게 성공할 수 있다는 자신감이 있었다. 자수성가한 사람의 책을 읽으며 근성을 배웠다. 그들처럼 생각하고 행동하려고 했다. 성공한 사람들의 습관을 따라 하려고 했다.

둘째, 겸손하려고 했다. 회사에 다닐 때, 원칙주의자에 건방지다는 평판이 많았다. 예의가 없다는 이미지를 탈피해 겸손한 사람으로 다시 태어나려고 했다. 하지만 이미지를 바꾸기는 쉽지 않았다. 오래 걸리더라도 겸손한 마음으로 사람들을 대하다 보면 언젠가는 알아줄 것이라고 생각했다.

셋째, 근성 있는 사람이라는 이미지를 보이고 싶어 했다. '3년만 고생하자. 그러면 뭔가 되겠지' 하는 마음으로, 마흔의 나이였기에 힘과 열정이 넘쳤다.

한 우물 판 사람이 성공을 이룬 책들이 많았기에 나도 할 수 있다고 생각했다. 저돌적인 성격과 추진력은 타고 났으니 밀어붙이다 보면 목표점에 도달할 것이라고 확신했다.

사무실을 내고 얼마 지나지 않아 손님이 찾아왔다. 매월 소식지를 만들어 DM우편물을 고객에게 대신 발송해주는 사업을 하는 사람이었다. 고객에게 정기적 우편물을 발송해 줄테니 맡겨달라고 간청했다. 이야기를 나누다 보니 사람이 듬직하고 근면해 보였다. 그에게 조언했다.

"내가 10년 전에 미국에 출장을 가보니 우리는 플로피디스크를 쓰는데 미국은 CD롬을 썼어요. 세상이 바뀌는 속도는 우리가 생각하는 것보다 훨씬 빠르지요. 차라리 '싸이월드'에 댓글을 달거나 '도토리'(싸이월드라는 SNS의 이모티콘)를 선물하는 게 DM우편물보다 낫지 않을까요? DM을 보내면 봉투를 열어보는 사람이 몇 %라고 생각하나요?"

명확하게 답을 못하더니 반은 열어보지 않겠느냐고 대답했다. 나는 10명 중 1명이 열어보면 다행이고, 그 1명도 끝까지 읽지 않을 것이라고 말했다.

그에게 "DM사업은 사양산업이니 그만두어라. 차라리 명함을 발주받아 서울에 주문의뢰하고 고속버스로 빠르게 물건을 받아라. 다른 사람보다 이틀 먼저 명함을 주문자에게 납품해라. 자리가 잡히면 판촉물도 같은 방식으로 서울 거래처를 만들어 이틀 먼저 납품해라. 그렇게 돈 벌면 간판 제작을 하라. 간판은 무거워서 서울에서 제작해 배달하기 힘드니 직접 만들어서 시공하라"라고 권했다. 권유를 받아들인 그는 큰 성공을 거두었다.

7년 전 우리 회사가 사옥을 매입해 입주하던 날, 나를 찾아왔다.

"사장님 말씀을 들은 덕분에 아이들을 대학에 보내고 잘 가르쳤습니다. 집도 몇 채 됩니다. DM에 매달렸다면 아마 구멍가게를 못 벗어났을 겁니다."

그는 지금도 직접 명함을 배달하고 간판 설치공사에 나가서 진두지휘를 한다. 성실함은 타고났다.

나의 근면성에 대해 스스로 점수를 준다면 60점을 주겠다. 겸손함은 70점이다. 성공하려는 근성과 뚝심은 90점, 돈을 탐하는 욕심은 100점이다. 사업을 시작하고 4년 뒤부터 큰 호황이 왔다. 큰 수익을 얻게 되었지만, 수익이 늘어나는 만큼 겸손함이 줄었다. 말이 많아졌고 교만해졌다. 자랑과 성과를 부풀리기 바빴다. 초심을 잃어갔다.

불황이 오자 그제야 나의 오만함을 알아차렸다. 잃은 초심을 되찾는 것은 어려웠다. 쉽게 될 것 같았지만 마음대로 되지 않았다. 돈 욕심은 그대로인데 차분함, 성실함, 근면성, 그리고 겸손을 잃었다.

며칠 전, 마감을 며칠 앞두고 설계사 한 명에게서 카카오톡 메시지가 왔다. 실적 얼마를 달성하면 노트북을 사달라고 했다. 30%를 더 올려서 이만큼을 해야 사주겠다고 역으로 제안했다. 그런데 그는 내가 제시한 업적을 달성했다. 이러한 밀고 당기기 게임은 사업 초기 때와 마찬가지로 여전히 흥미진진하다.

초심을 잃을 때, 나타나는 징조가 있었다. 나의 경우, 겸손을 잃었다. 시건방이 하늘을 찔렀다. 사업을 시작할 때 운의 덕을 본 것이 사실이었지만, 내가 잘나서 이루어낸 업적인 양 과시했다. 조금 돈을 벌었다고 사람들을 업신여겼다. 발로 뛰며 사업의 기틀을 만들던 초기의 자세를 잃었다. 업무분장이라는 명분하에 내가 해야 할 일을 스태프에게 떠넘겼다. 참모만 잘 두면 다른 사업을 벌여도 돈을 벌 수 있을 것이라는 망상에 빠졌다. 초심을 잃은 결과, 연속되는 실패가 찾아왔다.

알코올 치료 후
마음공부 시작

반성하는 자가 서 있는 땅은,
가장 훌륭한 성자가 서 있는 땅보다 거룩하다.

《탈무드》

알코올중독자라고 하면 노숙자를 떠올리는 사람이 많다. 희망을 놓은 사람이라고 생각하기도 한다. 중독자인 줄 모르고 평범한 일상을 살아가는 많은 중독자가 있다. 우리나라에 400만 명의 알코올중독자가 있다고 쓰인 의학 서적이 있다. 400만 명으로 계산하면 성인 9명 중 1명인 셈이다. 2020년 보건복지부 자료로는 152만 명의 알코올중독자가 있다고 한다. 사회의 따가운 시선 때문에 치료를 받지 않는 사람이 많아 정확한 통계를 알 수 없다.

직업이 프리랜서이거나 사장처럼 혼자 결정하는 것을 두려워하는 사람 중에도 중독자가 많다. 일상생활을 잘 해내는 것처럼 보이지만 불안, 초조, 우울, 투사, 무기력, 자기 연민에 빠진다. 외롭고 힘들다고 느끼면 술을 찾는 사람이 의외로 많다. 이런 사람들을 '고도적응형 알코올중독자'라고 부른다. '너도 나 같으면 술 없이 견딜 수 없을 거야'라는 핑계를 대고 구실을 만든다. 술 마시는 이유는 제각각이지만 어쩔 수 없어서, 마시지 않으면 죽을 것 같아서, 술 말고는 친구가 없어서 등 대부분은 자기합리화다.

코로나가 한창이던 2021년에 중독 치료를 받았다. 우울증으로 정신과를 찾은 적은 있지만, 입원하는 것은 상상해보지 않았다. 그저 남보다 자주, 많이 마시기는 하지만 치료를 받을 정도는 아니라고 생각했다. 할 일을 다 챙기며 살고 있는데 무슨 문제가 있다는 말인가. 가장으로서 경제적 뒷받침을 하는 것도, 회사를 챙기는 것도 큰 문제가 없었다. 그러던 어느 날, 느닷없이 아내와 아들의 동의로 강제로 입원하게 되었다. 다른 중독자들과는 다르다고 우겼지만, 입원을 피할 수 없었다. 입원 생활을 하면서 어느 정도까지는 중독자라는 것을 인정했다. 대부분의 중독자는 수치심과 외로움을 견디지 못해 술을 마신다. 입원 초기, 다른 환자들을 미친 사람이라고 생각했지만 보통 사람들과 다르지 않았다. 술에 꽂혀 마음의 병을 얻었을 뿐이었다. 환자들을 보며 나도 술 때문에 인생을 망칠 수 있겠다는 생각이 들었다.

암은 약이나 수술로 고칠 수 있지만, 중독은 약이나 수술로 고칠 수 없다. 개인적인 생각이지만, 알코올중독에 관한 처방약의 효능은 거의 없다고 생각한다. 항우울제나 수면제의 효능은 모르겠지만 항갈망제의 효과는 없다는 게 나의 생각이다. 스스로 마음을 다스리면서 깨어 있는 삶을 추구하는 것 말고는 중독에서 빠져나올 방법이 없었다. 나는 A.A라는 중독자 자조 모임에 다니고 있다. 또한, 술이 아닌 좋아하는 다른 것에 대체 중독되려고 명상, 글쓰기 등 좋아하는 것을 찾게 되었다.

사업을 하면서 술에 빠지게 된 이유는 무엇일까? 의사결정이 두려워서? 나의 경우, 그런 것은 아니었다. 마셔도 누가 제지하지 않으니 기고만장했다. 술을 마시면 좌중을 장악할 수 있었고 자신감이 올라갔다. 술의 힘을 빌려 군림하는 것이지만 기분이 좋았다. 기분이 나쁘면 속상하다고 한 잔, 좋으면 좋다고 한 잔. 사람들과 이 핑계, 저 핑계로 어울리는 횟수가 늘다 보니 중독자가 되었다. 누구의 간섭도 받지 않는 상황을 자유라고 생각했다. 점점 늪으로 빠져들면서 회사 일을 챙기지 않았다. 무기력에 빠졌다. '회사 일은 스태프가 있으니 잘 해내겠지' 하면서 방관하고 내팽개쳤다. 사장으로서도, 가장으로서도 제 역할을 하지 않고 술 뒤에 숨었다.

죽을 때까지 술을 마시지 않겠다는 결심을 하고 퇴원했다. 부득부득 우기다가 중독자임을 인정한 이후였다. 단주를 꾸준히 하기 위해서 지푸라기라도 잡아야 했다. 6년을 떠나 있던 의식개발 코스를 다시 찾았다. 예전에 가족 전부가 이 과정을 수료한 적이 있었다. 마음공부 과정으로 6개월 동안 아홉 번을 코스에 참가했다. 보통 한 코스가 9일이니 80일간 마음공부에 투신한 셈이었다.

동아줄을 잡는 심정으로 참가했지만, 중독이 치료되지는 않았다. 의사나 약의 힘으로도 안 되는 것을 마음공부 한다고 어찌 빠져나올 수 있단 말인가? 코스가 끝나고 2주 정도 회사 일을 챙기다가 다시 코스에 들어갔다. 바쁜 일정 때문에 관심이 술로 가는 것을 피할 뿐이었다. 6개월 만에 다시 술을 마셨다. 좌절했지만 6일 만에 정신을 차리고 다시 단주를 시작했다.

참다가 재음주하는 패턴에서 벗어나려고 대체중독에 빠질 만한 무언가를 찾아야 했다. 그렇게 2022년 2월, 글쓰기 과정에 입문해 4월부터 본격적으로 글을 쓰기 시작했다. 지금의 단주는 2022년 7월부터 이어오고 있다.

내면을 찾아가는 마음공부는 자신에게 정직해지고 삶을 통제할 수 있게 해주었다. 이 공부는 사업을 시작할 때 불안한 마음을 없애는 데도 큰 도움이 되었다. 이 공부를 하지 않았다면 사업에서 문제에 부딪혔을 때 슬기롭게 해결하지 못했을 수도 있었다. 남 탓만 하며 살고 있을지도 모른다. 나를 바꾸어야 하는데 바꾸지 않고, 남이 변하지 않는다고 남을 탓하고 있을지도 모른다.

이 공부를 하면서 깨달은 것이 있다. 무의식적인 말과 행동에 관한 것이다. 별 생각 없이 하는 말과 행동이 실은 의식적인 말과 행동이었다는 것을 깨달았다. '무의식적인 행동인데 상처를 주면 어때?', '마누란데 뭐?', '부하직원인데 그럴 수도 있지', '술 먹고 그럴 수도 있지. 술에 취해 기억도 안 나는데' 등. 하지만 무의식적인 말과 행동도 자기가 책임지는 게 맞다. 코스를 마치고 나면 책임의식이 생겼다. 코스에서 얻은 힘으로 살면 삶이 주도적으로 변하고 활력이 생겼다. 하지만 시간이 흘러가면 배운 것들이 희미해졌다. 조금은 성장했겠지만, 대부분 원위치되었다. 영적 수준이 낮아서인지 연거푸 코스에 다녀야만 삶의 통제력을 유지할 수 있었다.

평정심은 사장에게 꼭 필요한 덕목이다. 명상이나 마음공부에서 평정심을 유지할 수 있는 방법을 배웠다. 평온한 마음이 되면 통찰력이 생기고 한쪽으로 치우치지 않게 중심이 잡혔다. 사업에서 일어나는 불협화음이나 사람들과의 관계에서 나타나는 마찰도 평정심을 잃어 생기는 경우가 많았다. 감정의 기복이 일어나더라도 속으로 갈무리하고 밖으로 드러내지 않는다면 듬직한 리더가 될 수 있다. 나도 이것을 못해서 손해 본 경우가 많았다. 유리하다고 판단되면 허겁지겁 내가 차지하려고 덤볐다. 반면, 불리하다고 생각되면 내 차지가 될까 봐 피하곤 했다.

평정심만 유지하고 있다면 아무 일도 일어나지 않는 경우가 많았다. 내가 화를 내지 않으면 상대도 화를 내지 않았다. 분노를 참아내며 반응하지 않으면 몇 배의 효과로 나타나는 일이 많이 있었다. 호들갑을 떨며 내세우지 않으면, 상대가 오히려 감사해하는 마음이 커지는 경우가 많았다. 평정심을 유지하는 것이 사장에게 중요한 덕목이라는 사실을 늦게나마 알게 되었다.

사람들 마음을
얻어가는 길

비판하거나, 비난하거나, 불평하지 마라.

데일 카네기(Dale B Carnegie)

일본의 기업인 중에 파나소닉의 창업주 '마쓰시타 고노스케'와 '이나모리 가즈오(稻盛和夫)'의 경영철학을 존중한다.

마쓰시타 고노스케는 《사업은 사람이 전부다》에서 "사장이라면 근심 걱정을 당연하게 받아들이고 관용과 엄격함을 갖추라"고 말했다. 사람을 쓰고, 움직이게 하며, 키우고 살리는 게 바로, 경영이라고 주장한다.

2021년에 작고한 교세라의 회장 이나모리 가즈오는 우리나라와도 관계가 깊다. 그는 '씨 없는 수박'을 발명한 우장춘 박사의 사위로, '아메바경영' 이론으로 유명하다. 조직을 아메바처럼 작은 집단으로 나누면 사원 모두를 경영에 참여하게 만들 수 있다는 이론이다.

2002년, 사업을 시작하면서부터 마음공부 과정인 의식개발 코스에 참가했다. 개인적으로 주체적인 삶을 추구하고 사업에서도 성공하려는 목적이 있었다. 코스를 통해 사람들과 관계하고 소통하는 법을 익혔다. 삶을 통제하는 기법도 배웠다. 삶을 통제하는 힘이 생기면 무슨 일이든 해낼 수 있다는 자신감이 생겼다. 내 삶의 주인공은 나였다. 모든 일은 내가 만들어낸 것이라는 것을 알게 되었다. 내 삶에서 일어나는 일의 모든 책임이 나에게 있다는 것을 알게 되었다.

이 공부는 사업 성공의 밑거름이 되었다. 낯을 가리던 성격도 남과 조화할 수 있도록 조금씩 변해갔다. 다혈질 성격으로 주체하지 못하고 폭발하던 분노도 조금씩 순화되었다. 덩달아서 자존감이 높아졌다. 또한, 사람들을 내 편으로 만드는 데도 도움이 되었다. 남의 말을 경청하고 인정해주는 법, 나를 표현하는 법을 공부했다. 이 공부는 사업을 확장하는 과정에서 큰 도움이 되었다. 창업 초기, 몇 배의 매출이 오르게 한 요인의 하나였다고 생각한다.

매출이 늘어나고 새로운 임원진을 보강하면서 점점 교만해졌다. 10년 공부가 나무아미타불이 되었다. 사람들에게 그동안의 사업성과를 자랑했다. 영웅이 된 듯 착각에 빠졌고, 시정잡배처럼 큰소리로 뻐기는 행동을 내보이곤 했다.

2017년부터 팀 단위로 사기꾼이 꼬여 들었다. 여기저기에서, 많은 사람에게 사기를 당했다. 혼술이 시작되었고 신세를 한탄하며 일을 등한시했다. 마음공부를 했던 초기의 효과는 잊어버렸다. 원인은 술뿐만

이 아니었다. 마음속에 자리 잡은 교만한 마음도 있었다. 술과 교만한 마음은 나를 좌절의 수렁으로 몰아넣었다. 정신을 놓게 만들고 판단을 흐리게 했다. 삶을 송두리째 빼앗아 절망 속으로 빠져들게 했다.

나는 지금도 단주 중이다. 회복 중이라고 하는 게 맞을지도 모른다. 중독자는 다시 술을 마시면 멈추지 못한다. '딱 한 잔만 마셔야지', '음복(飮福)인데 어때. 조상님도 이해할 거야' 이렇게 시작하게 되면 낭패를 볼 가능성이 100%다. 내가 1년 가까이 단주 중이라고 하면 사람들이 "한 잔도 안 마신 게 맞아?"라고 의심하며 묻는다. 초기에는 그런 말을 듣고 화를 냈지만, 이제는 빙그레 웃고 만다. 구구절절 믿게 하려고 애쓰지 않는다. 그들은 몰래 먹더라도 일단 마시기 시작하면 멈출 수 없는 중독자의 처지를 모르는 것뿐이다. 중독은 불치병이다. 일반인이라면 몰라도 중독자는 술을 끊었다고 말하면 안 된다. 중독자에게 술은 끊는 게 아니다. 평생 술을 마시지 않더라도 회복하고 있는 환자일 뿐이다.

술을 부르는 나만의 일탈이 있었다. 이런 일탈행위를 하면 술을 다시 마실 가능성이 클 것이다. 이런 행위를 멈추어야 끝까지 단주하는 삶을 살 수 있다고 굳게 믿고 있다. 금기시해야 하는 행위를 적어본다.

첫째, 도박과 게임을 하지 않는다. 이것은 평생 한 적이 없기 때문에 잘 해낼 수 있다. 둘째, 될 수 있으면 술자리에 가지 않는다. 내가 주관하는 자리가 아니라면 모임에 참석하는 것도 신중하게 결정해야 한다.

셋째, 술을 따라주지 않는다. 부탁을 받더라도 사정 이야기를 하고 정중하게 거절한다. 제사에서도 술을 따르거나 잔을 올리지 않는다. 넷째, 여자와 함께 있는 자리를 피한다. 남자는 여자 앞에서 강한 모습을 보이고 싶어 한다. 과하게 힘자랑을 하거나 도에 지나치게 자기가 이룬 것을 과장해서 말하기 쉽다. 정직하지 못한 행위는 죄책감을 느끼게 하고, 수치심이 생기게 해서 음주 충동을 불러일으킨다. 다섯째, 정직은 기본이고, 너그러운 관용으로 사람들을 대해야 한다. 알코올중독자의 자조모임에 가면 중독적 성격을 고백하고, 정직한 생활을 유지해나가면서 회복하는 사람들이 많다. 그들에게 많은 것을 배우며 살아가고 있다.

마쓰시타의 말처럼 관용과 엄격함을 가져야 한다. 사업에서도, 일상에서도 마찬가지다. 나는 관용과 엄격함 대신 교만했고, 술에 의존해 그 안에 숨어들었다. 얼마 전, 지지부진하게 이어오던 여러 건의 소액 소송 건을 취하했다. 마음에서 용서가 된 것은 아니었다. 그렇지만 고의로 한 일이 아니고, 살다 보니 빚을 돌려 막게 되었던 사람들에게 관용을 베풀려고 하는 것이다.

중독에서 벗어나 회사에 돌아오고 지인들로부터 수십 통의 문자를 받았다. 몇몇 설계사는 다시 우리 회사로 돌아와 근무하기도 했다. "사장님이 사업할 때가 멋졌다. 그 시절이 좋았다"라는 이야기를 들었다. 이미 지나간 과거에도 나의 전성기가 있었다. 비틀거리면서 지금까지 왔지만, 이제라도 초심을 되돌아봐야 한다. 사람의 마음을 얻는 것이 매출과 직결되는 일이고, 성공의 길이라는 것을 늦게나마 알게 되었다. 새로운 사람을 영입하려고만 했지, 주변에 있는 사람들이 귀한 줄을 몰랐다. 잡아놓은 고기는 등한시하고 새 고기만 잡으려고 과욕을 부렸던 것이다.

"사람을 대할 때는 불을 대하듯 하라. 다가갈 때는 타지 않을 정도로, 멀어질 때는 얼지 않을 만큼만."

그리스 철학자 디오게네스(Diogenes)의 말이다. 남을 대할 때, 적당한 거리를 유지하는 것이 중요하다. 척도를 지켜야 한다. 남을 비난하고 끌어내린다고, 그가 내려온 만큼 내 인격이 올라가지 않는다. 반대로 상대방을 지나치게 섬기거나 우상화하는 것도 바람직하지 않다. 진심으로 존경하는 것과 무엇을 바라면서 섬기는 것은 다른 개념이다.

바로잡아야 할 것이 한두 가지가 아니겠지만, 하나씩 제자리를 잡으려고 노력할 것이다. 차근차근하다 보면 매출도 회복하고, 사람들의 마음도 얻을 것이다. 오늘도 사람들의 마음을 얻으러 웃으며 출근한다. 이제라도 정신 차리고 살아갈 것이다. 사람의 마음을 얻지 못하는 사장은 실패하게 되어 있다. '사업은 사람이 전부'라고 외친 마쓰시타처럼, 당신도 사람을 귀히 여기는 경영자가 되길 바라본다.

절박하니
살아지더라

내일 죽을 것처럼 살아라. 영원히 사는 것처럼 배워라.

마하트마 간디

'절체절명(絕體絕命)'이라는 말이 있다. '몸도, 목숨도 끊어질 때가 되었다'라는 의미다. 어찌할 수 없는 절박한 상황을 비유적으로 이른다. 사업을 하면서 절체절명의 위기를 맞을 수 있다. 위기를 맞으면 사장은 말을 더 조심해야 한다. 감당하기 힘들다거나 쓰러지기 직전이라는 말을 하면 직원들이 불안해한다. 남발하면 나중에는 믿지 않고, '또 시작하는구나'라고 생각한다. 사장은 고독한 존재다. 위기라고 말하지 못하고 혼자 끙끙대며 돌파구를 찾아야 하니 말이다. 이솝 우화에 '양치기 소년' 이야기가 나온다. 양치기 소년이 '늑대가 나타났다'라는 심심풀이 거짓말을 일삼다가 실제 늑대에게 잡아먹히는 이야기다. 위기를 하소연하거나 엄살을 부리면 사람들은 거짓말로 여기고 아량을 없애버린다. 사장의 가벼운 세 치 혀는 '양치기 소년'처럼 거짓말을 일삼는 사람으로 내몰릴 수도 있다.

15년 전, 사업이 호황일 때 있었던 일화를 소개한다. 소득이 많은 스타급 여자 설계사가 있었다. 당시에, 연소득 5억 원이 넘는 대형사원이었다. 어느 날, 내가 서울로 올라가 신당동 사무실에 방문했다. 지점장실에서 대화를 하고 있는데, 밖에서 큰소리가 났다. 가만히 들어보니 업무직원이 전화로 그 설계사와 다투는 소리였다. 듣다 보니 설계사의 발언 수위가 지나친 것 같았다. '실적이 깡패'라고 대형사원이니 업무직원을 쥐 잡듯 들볶는 것이었다. 다른 사람 일을 제쳐두고 본인 일부터 처리하라는 취지의 통화였다. 업무직원도 화가 나서 순서대로 하나씩 하는 중이라고 항변하고 있었다.

밖으로 나가 수화기를 뺏었다.

"여보세요. OOO씨! 돈도 많이 버는데 그 돈 다 어디에 씁니까? 개인비서 한 명 고용하세요. 직원이 무슨 죄인입니까? 아니면, 하인입니까?"

직원은 자기 편을 들어주니 후련했을지 모르지만, 상대는 잔뜩 화가 났다. 대답을 안 하고 씩씩대더니 전화를 끊었다. 곧이어 그 설계사는 만만하게 여기는 지점장에게 전화를 걸어 며칠 쉴 테니 그렇게 알고 있으라고 통보하고 이튿날부터 출근을 안 했다. 이 사람이 혼자서 지점 매출의 절반을 차지하고 있었다. 지점장이 집으로 찾아가 어르고 달래도 소용이 없었다.

일주일쯤 지나 내가 사과 전화를 걸었다. 중국이라고 했다. 중학생, 고등학생 아들 둘이 중국에 유학 중인데 이참에 좀 쉬면서 아들들을 챙겨야겠다고 했다. 단단히 삐쳤고 틀어진 모양이었다. 두 달이 지나서야 한국에 돌아왔다. 감정을 상하게 만든 나의 짧은 통화가 두 달간 그녀가 영업만 못 하게 만들었고, 회사만 수익 면에서 손해를 보게 되었다.

다행히 다른 회사로 옮기지는 않았다. 그 설계사는 이후 7년간 나와 말을 나누지 않고, 지점장을 통해서만 의견을 소통했다. 7년 후, 다시 말을 트고 나서 그녀가 나에게 한 말이 걸작이었다.

"사장님! 성질은 괴팍하지만 한 말은 지키는 사람이라 참은 거예요. 다른 회사에서 벤츠 빼줄 테니 오라고 하는데도 참은 거예요."

먹튀 사고로 자금난을 겪으면서 사채업자를 찾아가 돈을 빌릴 정도까지 위기를 맞았다. 한심한 사장이었다. 자존감도, 자신감도 잃었다. 돈을 돌려 막아가며 위기를 벗어나야 했다. 임원에게 하소연을 일삼았다. 좌절하는 모습을 보였고, 재수가 없다고 투덜거렸다. 그런데도 회사는 무너지지 않았다. 흔들리지 않고 일해준 직원들이 있었기 때문이었다. 술에 기대서 일을 내팽개친 내가 문제였다. 술독에 빠진 사장을 아랑곳하지 않고 묵묵히 일해준 스태프들 덕분에 회사는 살아남았다.

요즘도 회사는 절박한 상황이다. 코로나를 벗어나는 상황이지만, 매출은 회복하지 못하고 있다. 두 번에 걸쳐 구조조정을 했지만, 아직도 회사는 자금난에 허덕이고 있다.

얼마 전의 일이다. 법인카드로 결제된 내역이 문자로 왔다. 영어 이름의 회사에서 100만 원이 넘는 금액이 결제되었다. 업체가 어디인지 알아보라고 했다. 알고 보니 퀵 업체가 상호를 바꾼 것이었다. 서울에 있는 한 지점의 퀵 대금을 한 달에 한 번 몰아서 결제하는 것이었다. 금액이 과하다는 생각이 들었다. 퀵 배송한 내역을 메일로 받느냐고 물어봤다. 몇 년 전부터 받지 않는다고 했다. 업체가 마음대로 법인 카드 번호를 입력해 결제하는 것이었다. 오랫동안 거래했기에 믿을 수 없는 업체는 아니었다. 그렇다고 하더라도 업체가 일방적으로 카드승인을 받는 절차는 문제가 있었다. 화가 치밀었지만 몇 초 숨을 돌리며 참았다. 다음 달부터 내역을 받으라고 지시하는 것으로 마무리하고 말았다.

이런 일이 있을 때, 직원들은 긴장한다. 사장의 화풀이에 민감해진다. 나이를 먹다 보니 유연해졌지만, 몇 년 전이었다면 불같이 화를 냈을 것이다. 직원은 자기가 맡은 일만 한다. 옆 사람 일에 크게 관심이 없다. 일이 문제 없이 돌아가면 개선하려고 하지 않는다. 상대 업체의 흑심이 있을지도 모른다는 것까지 확장해서 생각하지 않는다. 전임자에게 넘겨받은 대로 할 뿐이다. 비근한 예지만, 이런 경우 사장은 한 박자 쉬고 차분하게 대응해야 한다. 자칫 잘못하면 쪼잔한 사람이 되거나 과격한 사람이 될 수 있다.

몇 달 전, 10년 동안 회사에 다닌 한 직원이 퇴직하고 정부 투자 기관으로 전직했다. 안정된 직장이라 공무원 출신 아버지가 좋아하신다며 본인도 기쁘다고 했다. 대체 직원을 뽑았다. 이틀 나오고 안 나왔다. 두 번째 직원을 뽑았다. 2주 나오고 사표를 냈다. 세 번째 직원도 하루만 나오고 안 나왔다. 엑셀과 매크로 프로그램을 자유자재로 다룰 수 있어야 하는데 부담을 느끼는 것 같았다. 워크넷과 사람인, 잡코리아를 통해 원서를 받았지만, 사람들 이력이 신통찮았다.

실무를 놓은 지 20년이 넘은 내가 회사 일을 보충하고 있다. 일부 업무는 다른 직원에게 전가했다. '이가 없으면 잇몸으로'라는 말대로 회사가 굴러가고 있다. 이율배반적인 생각이지만 두 가지 생각이 들었다. 하나는 '한 명 없어도 돌아가는데?'이고, 다른 하나는 '이러다 남은 직원들이 힘들다고 사표 내면 어쩌나?'다. 간사한 마음이 오락가락하고 있다.

'이 사람 없으면 회사가 안 돌아가', '업무에 구멍이 나면 팀워크가 무너질 거야' 이런 우려가 들어도 막상 닥치면 업무의 쳇바퀴가 돌아간다는 게 나의 지론이다. 어떤 문제도 생기지 않는다는 말은 아니다. 업무 처리가 지연되거나 결과의 만족도가 떨어질 수 있다. 그래도 회사 전체에 영향을 끼칠 정도로 심각하지 않더라는 말이다. 회사도 생물이라는 관점에서 봐야 한다. '사람이 죽으라는 법은 없다'라는 말처럼 기업도 죽으라는 법은 없다. 한국인은 누구보다도 위기를 기회로 바꾸는 데 능하다.

'정주영 공법'으로 불리는, 배를 이용한 물막이 간척사업 공사가 대표적인 예다. "이봐, 해봤어?" 정주영 회장의 승부사 면모를 보여주는 유명한 말이다. 아무리 중요한 사람이 그만두더라도 나머지 사람들이 힘을 합치면, 회사는 다시 정상화의 길을 가게 된다.

당신이 사장이라면 위기에 의연해야 한다. '이가 없으면 잇몸으로'라는 말처럼 있던 것이 없어져서 불편해도 참고 살아가게 마련이다. 없어진 것에 집착하지 말고 가진 것으로 어떤 결과물을 낼 것인지 궁리해야 한다. 긍정적인 마음으로 생각하다 보면 위기에도 좋은 해법을 구할 수 있다.

리더는 사람들을 이끄는 사람이다. 언제나 사업의 한가운데에 사장이 서 있어야 한다. 최종 책임을 지는 사람은 누가 뭐래도 사장이다. 시련을 겪어도 웃어넘기며 대책을 찾아보라고 권하고 싶다.

술친구도 떠나고,
술자리도 없어지고

인생은 양파와 같다. 한 번에 한 꺼풀씩 벗기다보면 눈물이 난다.

칼 샌드버그(Carl Sandburg)

　단톡방의 알림 벨이 울린다. 휴대폰은 컴퓨터의 어떠한 기능도 대체 처리할 만큼 발전해왔다. 과학은 광속으로 발전하고 있다. 키오스크를 못 쓰는 노인들이 있지만, MZ세대들은 이런 노인들을 이해하지 못한다. SNS의 단톡방이 새로운 소통공간이 되었다. 수십, 수백 명, 수천 명까지 같은 공간에서 소통한다. 구태여 친구가 없어도 온라인에서 비슷한 생각을 하는 사람들끼리 어울릴 수 있다. 나는 온라인으로 만난 사람과의 소통이 여전히 어색하다. 마음을 터놓을 수 있는 친구라는 생각이 들지 않는다.

　낯가림을 감추는 데 술은 좋은 약이었다. 술을 마시면 사람들 앞에 나설 때 부끄러움이 없어졌다. 자신 있게 의견을 표현할 수 있었다. 어색한 자리에서도 술 몇 잔만 들어가면 편안함을 느꼈다. 하지만 이는 중독이 아닌 애주가일 때의 이야기였다.

중독자가 되고 나니 사람들과 관계하는 게 버거워졌다. 실수를 할까 봐 조심해야 했고, 술에 취해 실수하는 일이 실제로 일어났다. 실수하면 돌이킬 수 없는 경우가 많았다. 사람들이 떠나갔고 인간관계가 어려워졌다. 그렇게 하나둘 술친구들이 떠나갔다. 부하직원들이 있었지만, 그들은 친구가 아니었다. 사장과 함께이니 어쩔 수 없이 가시방석 같은 자리를 차지하고 있을 뿐이었다. 친구도, 지인들도 떠나갔다. 친구 모임까지도 술주정을 부려 참석하지 못하는 일이 벌어졌다.

하루가 멀다 하고 함께 술을 먹던 친구들이 있었지만, 이는 중독자가 되기 전의 이야기다. 중독자가 되고 나니 하루의 고단함을 달래주는 술의 순기능이 없어졌다. 술이 삶을 충전하는 촉매제 기능을 하지 못했다. 내가 술자리를 만들면 거부하는 사람들이 늘었다. 저녁 식사 모임을 술이 없는 점심시간으로 바꾸기를 원하는 사람이 생겼다. 술에 취해 말을 함부로 하고, 행동이 거칠어지니 사람들이 나와 함께 있기를 싫어했다.

술을 같이 마시던 친구들이 떠나가고 술자리를 싫어하는 사람들과 만나지 않게 되자 방에 틀어박혀 혼자 술을 마시기 시작했다. 사기를 치고 돈을 떼어먹은 사람들을 저주하며 홀짝홀짝 술을 마셨다. 그 사람들 때문에 이런 꼴이 되었다고 그들을 탓하며 억울하다고 하소연했다. 술 뒤에 숨어서 중독자가 되어가자 불안, 초조, 우울증이 찾아왔다. 아내의 권유로 정신과 전문의를 찾았다. 심리상담도 받았지만, 정상적인 삶으로 되돌리지 못했다. 입원 치료를 받고 알코올중독자임을 인정했다. 퇴원하고 나서 책을 출간해 중독자임을 세상에 커밍아웃했다. 매주 중독자 자조모임인 A.A모임에 나가 중독에서 벗어나려고 노력하며 살고 있다. 재음주를 한 적도 있지만, 며칠 뒤에 또다시 단주를 시도하며 지금까지 살고 있다.

단주하는 삶을 살면서 사람들과의 관계를 회복하려고 노력했다. 친구들 모임에도 나가고 동호회에도 가입했다. 술친구는 없어졌지만, 떠나갔던 친구들이 돌아오고 새롭게 관계하는 사람들이 생겼다. 같이 명상하는 사람들, 같이 글쓰기를 배우는 사람들, 부동산 공부를 같이하는 사람들, 동종업계에서 사업하는 사람들, 나와 똑같이 중독에서 회복하는 사람들 등등. 술자리는 없어졌지만, 온라인 모임이 많아졌다. 온라인이라는 한계가 있지만 Zoom을 통해 일주일에 4~5번, 합치면 7~8시간을 온라인에서 만난다. 오프라인 모임도 늘었다. 일주일에 하루나 이틀은 회사 업무 차 외지 출장을 간다. 밥을 같이 먹어도 술을 마시지는 않는다. 내가 마시지 않으니 다른 사람들도 술을 주문하지 않는다. 일상으로 되돌아가보니 환갑에도 일할 수 있다는 뿌듯함이 생긴다. 글을 쓰고 회사 일을 챙기며 또 다른 창의적인 일을 찾아가는 과정이 무척이나 흥미롭다.

재미있는 계산을 한 적이 있었다. 본격적으로 술을 먹기 시작했던 17살부터 2021년에 단주를 선언할 때까지, 42년간 마신 술값을 대충이지만 계산해봤다. 학창 시절, 슈퍼마켓에서 쌈짓돈으로 술을 구입해 마시던 시절이 있었다. 회사 동료들과 호프집에서 저렴하게 마시던 시절도 있고, 비싼 술집을 찾아다니며 마시던 시간도 있었다. 정확히 계산하는 것은 불가능하지만, 약산해봤다. 이 돈을 연도별로 정기적금에 가입했다는 가정에서 연 복리로 계산하면 얼마일까? 놀라운 계산 값이 나왔다. 30억 원이 넘었다. 설마 했지만, 셈법이 틀린 것은 아니었다. 많게는 1년에 5,000만 원이 넘는 술값을 탕진하던 시절도 있었다. 큰 금액이 나올 것이라고 예상했지만, 이렇게 큰 금액이 나올 줄은 몰랐다. 가정이지만 술을 마시지 않는 사람으로 살면서 술값을 적금에 가입했다면, 큰 부자가 되었을 거라는 뒤늦은 후회를 했다.

중독에서 벗어나 다시 얻은 삶은 덤으로 생긴 축복이다. 암을 극복하고, 새 생명을 얻은 사람보다도 더 큰 축복이다. 앞에서 이야기한 대로 알코올중독은 죽음에 이르는 불치병이다. 암보다 무서운 질병이다. 중독자 모임에서 만난 한 회복자는 술중독으로 죽은 사람들에게 무상으로 염을 해주는 삶을 살아가고 있다. 자비심이 많은 사람이다. 벌써 수십 명이 넘는 중독자의 시신에 염 봉사를 했다고 한다.

나도 회복자가 되어 일상으로 돌아왔다. 구조조정을 하고 일일이 회사 일을 챙기고 있다. 비록 사기를 당하는 아픔을 겪었고 코로나의 시기를 어렵게 건너왔지만, 맑은 정신을 되찾았다. 과거 술 마실 때의 거드름 피는 사장이 아니라 다정한 사람이 되려고 한다. 사람들과 좋은 관계를 되찾으면 회사는 번창할 것이다. 나부터 변하면 회사도 변할 것이다. 비록 오래 걸릴지 모르겠지만 뚜벅뚜벅 걸어갈 것이다.

혹여, 당신이 나처럼 어떤 좌절을 겉으로 드러내는 과오를 겪은 사장이라면 반성하는 자세로 사람들에게 다가서야 할 것이다. 그들이 마음을 열어줄 때까지 겸손하게 말하고 행동하며 기다려야 한다.

1년 가까이 술을 마시지 않는 요즘, 매일 마음속에 메시지를 가지고 회사에 출근한다. 예를 들어 〈대행사〉라는 JTBC 드라마에 나온 대사 한마디를 직원들에게 하며 하루 기분을 환기시킨다. "비 그쳤다. 선 넘어가자! 이끌든가, 따르든가, 비키든가"를 패러디해 "금요일이다. 불금이다! 밥값 벌든가, 술값 벌든가, 애 학원비 벌든가" 이런 식으로 카카오톡 메시지를 보낸다. 사람들에게 다가가려는 코스프레인데, 나이 탓인지 조금 고루한 것은 사실이다.

제4장

사장님
마음 일기

열등감과 수치심
바라보기

인생에서 가장 중요한 날이 이틀 있다. 첫 번째는 내가 태어난 날이고,
두 번째는 내가 이 세상에 왜 태어났는지 그 이유를 알게 되는 날이다.

마크 트웨인

내 우주의 창조자는 '나'다. 마음공부는 이 점을 받아들이는 과정이
었다. 삶의 주인이 나라는 것을 모른 채 살아온 시절이 있었다. 부모님
의 아바타가 되려고 했고, 누군가를 뒤쫓으며 살아왔다. 영성 공부에
서 나오는 우주라는 말도, 창조자라는 말도 이해하기 어려웠다. 자존
감이 낮았던 시기에는 모든 책임이 나에게 있다는 말을 받아들이기 힘
들었다. 영성이 무엇인지 조금씩 배워갔다. 그럼에도 불구하고 영성 공
부를 마치고 한 달쯤 지나면 예전의 모습으로 원위치 되었다.

MBTI 성격유형검사에서 INTJ가 나왔다. 논리적으로 목적, 계획, 절
차를 세우는 분석가형이다. 원칙주의 성향이 있지만 혁신을 꾀함, 배움
의 욕구가 있고 개선하고 싶어 함, 효율성이 떨어지는 시스템보다 독창

적인 것을 만들기를 좋아함 등의 좋은 부분이 있다. 남성 3%, 여성 1% 가 이 유형에 해당한다고 한다. 물론 단점도 있다. 냉소적인 화법으로 공감 능력이 떨어짐, 혼자만의 시간을 즐기고 학교나 회사에서 어울리지 못함, 고집이 센 창의적인 외톨이형이라고 정리할 수 있다. 이 검사를 100% 신뢰하지는 않지만, 상당 부분 맞다고 생각하고 있다.

열등감과 수치심은 평생에 걸쳐 나를 괴롭혀왔다. 첫째, 공부를 잘하지 못했다. 반에서 2~3등을 해도, 전교 1등을 도맡아 하는 형이나 누나를 넘어설 수 없었다. 둘째, 운동을 못했다. 어떤 운동이든 친구들보다 뒤졌다. 깡마른 체격에 부실해 보이는 아이였고, 운동신경이 좋지 않았다. 셋째, 부끄러움이 많았다. 낯가림이 심하고 남 앞에 서서 발표할 때 심장이 두근거렸다. 남이 나를 어떻게 생각할까 늘 걱정했다. 눈치를 많이 보고 남의 시선을 의식했다. 넷째, 특정한 부류의 사람을 무서워했다. 어머니에게 매를 맞으며 자랐다. 빈도가 잦진 않았지만 한번 매를 든 어머니는 몇 시간씩 두들겨 패는 무서운 존재였다. 넘어설 수 없는 거대한 존재라고 여겨지면서 주눅이 들었다. 다섯째, 늘 남과 비교하며 좌절했다. 해도 안 되는 사람, 가진 게 없는 존재였다. 이 악물고 극복해서 남을 뛰어넘는 것을 최고의 목표로 삼았다. 그 과정은 삭막한 나날이었다. 고1 때, 파산으로 집안이 몰락하자 가난에 대한 두려움이 생겼고, 가난 또한 열등감의 한 요소가 되었다.

다행히 나이를 먹어가면서 조금씩 나아졌다. 낯가림이 개선되었고 발표에 대한 두려움도 잦아들었다. 아버지의 파산과 죽음은 어머니의 위세를 꺾이게 했다. 힘없는 존재가 된 어머니가 애틋하게 느껴지기 시작했다. 내가 어른이 된 이후에는 세상 물정을 모른다고 오히려 늙은 어머니를 무시하고 질타했다. 9년 전, 어머니가 돌아가시고 나서야 이런 일들이 회한으로 남았다.

돌아가시기 몇 달 전의 일이었다. 요양원에 계신 어머니를 찾아갔다.
"얘야, 나도 손가락으로 이렇게 하는 핸드폰 하나 사줘."
스마트폰 이야기다. 폴더 폰이 성에 안 차셨는지 손으로 페이지 넘기는 시늉을 곁들이며 말씀하셨다. "어머님은 그거 못 써요. 어려워요. 그리고 전화 통화만 하는데 그게 뭐가 필요하다는 거예요?"라며 윽박지르는 말투로 대꾸했다. 몇 달 후, 어머니가 돌아가시고 나서야 그깟 스마트폰 하나 못 사드린 야박한 마음에 눈물이 났다.

사장의 깜냥이 되지 않는다고 생각했다. 나 같은 사람이 리더가 될 수 있을지 두려웠다. 열등감이었다. 자신감을 가져야 했지만, 할 수 없다는 열패감에 빠지기 일쑤였다. 술은 열등감과 수치심을 감추기에 안성맞춤이었다. 숨기에 좋았고 도망치기 쉬웠다. 나의 경우, 사장으로 사는 동안 열등감과 수치심 때문에 남몰래 괴로워했다. 이런 감정은 결정을 앞두고 두려움을 느낄 때 더욱 자신감을 잃게 했다. 마음공부를 하면서 이러한 감정을 만드는 것도, 영향을 받는 것도 내가 선택한 것이라는 것을 알게 되었다.

"인간이 된다는 것은 곧 끊임없이 극복해야 하는 열등감을 가지는 것이다."

알프레드 아들러(Alfred Adler)가 《삶의 의미》라는 책에서 말했다. 열등감은 나락으로 떨어지는 구실이 될 수도, 극복의 동기로 삼을 수도 있다. 비교하는 마음에서 열등감과 우월감이 생겨난다. 신이 아닌 이상 완벽한 사람은 없다. 문제는 결핍을 받아들이지 못하고 남을 따라잡으려고 조급해하다가 마음의 병을 얻는 것이다. 비교하는 습성은 자신이 불행하다는 감정을 싹트게 할 뿐이다.

마음공부를 하면서 끈질기게 삶을 괴롭혀온 수치심과 열등감을 마주했다. 감정의 뿌리를 찾아 대면하는 연습이 있었다. 열등감도 수치심도 모두 내가 만든 것이었다. 다른 사람은 내 감정에 전혀 관심이 없었다. 그런데도 남을 의식하며 나의 한계를 만들고 울타리에 가두며 살아온 것이었다. 연습 과정에서 하염없이 울었다. 약한 나, 어린 시절의 나를 어루만졌다.

의도적인 삶을 살도록 도와주는 마음공부는 사업에도 큰 힘이 되었다. 목표대로 사업을 꾸려나가는 데 도움이 되었다. 자존감을 회복하면서 사람들과 어울리고 옳은 의사결정을 내리는 데 마음공부 기법을 활용할 수 있었다.

잘할 수 있는 것을 하는 것, 좋아하는 일을 찾는 데 오랜 시간이 걸렸다. 경영학을 전공했지만, 문학을 흠모하는 마음이 남아 있었다. 작년 2월에 글쓰기 스승을 만나 4월부터 글을 쓰기 시작했다. 글을 쓰면서 자존감이 높아졌다. 하루 5시간이 넘는 시간을 글쓰기에 할애했다.

새로운 세상을 볼 수 있는 행복한 시간이었고, 인생을 바꾸는 변곡점이 되었다. 나쁜 중독에서 벗어나려면 다른 어떤 것에 대체 중독되는 방법이 좋다고 한다. 글쓰기는 죽을 때까지 단주를 이어갈 동아줄이 되어줄 것이라고 믿고 있다.

사장은 다른 사람을 이끄는 리더다. 꿈꾸는 미래를 위해 도움이 되는 신념을 택해야 한다. 그런데도 나와 같이 열등감이나 수치심을 가지고, 비교하며 남의 평가를 두려워하는 사장이 있을지도 모른다. 혹시 당신도 열등감이나 수치심 같은 나쁜 감정을 가지고 있는가? 만약 그렇다면, 나의 경험을 반면교사 삼길 바라본다. 감정을 조절해 성공하는 사장이 되었으면 좋겠다. 감정 때문에 실패를 맞이한다면 억울하지 않겠는가? 평온한 마음으로 사람들을 대하고 침착하게 결정해야 한다. 열등감은 자신감으로 바꾸고, 수치심은 먼 기억 속으로 떠나보내야 한다. 감정을 조절할 수 있는 사장이라면 성공은 저절로 따라올 것이라고 굳게 믿는다.

남 탓하는
나쁜 버릇

말이 입힌 상처는 칼이 입힌 상처보다 깊다.

〈모로코 속담〉

어릴 때, 어른은 근엄하다고 생각했다. 선생님도, 아버지도 감히 대하기 어려웠다. 자라면서 음흉한 사람도, 남의 것을 탐하는 사람도 많다는 것을 알게 되었다. 남을 배려하는 마음 없이 자기 이익만 챙기는 사람도 많았다. 술수로 이익을 노리는 사람도 있고, 남을 일부러 불행에 빠뜨리는 질 나쁜 사람도 있었다. 나이가 들어갈수록 '열 길 물속은 알아도 한 길 사람 속은 모른다'라는 말을 절감하게 되었다.

사업을 오래 하다 보니 많은 일을 겪었다. 장교 출신 설계사가 우리 회사에 근무한 적이 있었다. 말이 없는 편이고, 술을 먹어도 흐트러짐이 없었다. 군 인맥이 있을 거라는 바람과 달리 영업실적은 보잘것없었다. 당시에는 다른 회사에 적을 둔 사람들이 변칙으로 우리 회사에 계약을 넣는 일이 흔했다. 그렇게 모집한 보험계약을 이 사람의 코드로 처리했다. 별문제 삼지 않을 만한 사람이라고 판단한 업무직원은 이 사람에게 그래도 되겠느냐고 물어봤다. 승낙을 받고 했지만, 나중에 그가 문제 삼았다. 직원의 잘못을 끈질기게 물고 늘어졌다. "금융감독원에 고발해서 직원도, 회사도 가만두지 않겠다"라고 협박했다. 내가 직접 나서지 않을 수 없었다. 근처 식당으로 불러 따로 만났다. 그는 대놓고 돈을 요구했다. 내가 금액을 제시하자 10배를 가져오라며, 자기를 '삥 뜯는 사람' 취급하지 말라고 고함치더니 자리를 박차고 나갔다. 다음 날부터 전화를 받지 않았다. 그를 우리 회사에 유치했던 직원에게 물으니 경상도로 이사 갔다고 말했다. 수십 번의 전화를 받지 않던 그에게서 전화가 왔다. 다음 날까지 얼마를 들고 경북 구미로 찾아오라고 했다. 아니면 금감원, 국세청에 모두 고발해서 무자격 모집과 소득신고의 잘못을 벌 받게 만들겠다고 협박했다. 하는 수 없이 다음 날, 직원을 보내 합의했다. 10배는 아니지만 처음 제시한 금액의 3배를 주어야 했다. 부당하게 변칙으로 업무를 처리한 우리 회사의 책임이 분명히 있었다. 그런데도 나는 그를 양아치라고 부르며 욕했다.

사업을 하면서 사기꾼을 조심해야 한다고 되뇌곤 했다. 사업이 번창하고 술독에 빠지자 사기꾼이 꼬여 들었다. 그들을 가려내지 못했다. 내 탓이지만 운 탓을 하며 재수가 없다고 푸념했다. 사기꾼 때문에 되는 일이 없다고 하소연했다. 사기꾼을 소개하고 유치한 직원에게 화살을 돌렸다. 그 직원이 도둑놈을 데리고 들어와서 피해를 봤다고 미워했다. 정작 직접 말하지도 못하고 속으로만 끙끙댔다.

은행, 카드회사 콜센터 직원과 말다툼이 생기는 일이 많았다. '나만 손해 보는 게 아닌가? 내가 큰 고객인데 대우를 안 해준다'라고 생각했다. 아무 잘못이 없는 상담직원에게 수화기 너머로 꼬치꼬치 따지고 신경질을 부렸다.

어려서부터 남을 탓하고 살았다. 누구누구 때문에 손해를 본다고 생각했다. 형과 누나 때문에 괜찮은 성적에도 구박받는 신세가 되었다고 생각했다. 아버지 때문에 절대 가난의 구렁에 빠졌고, 불우한 시절을 겪는다고 한탄했다. 장가갈 준비하는 동기와 달리 아버지의 남은 빚을 갚아야 하는 현실을 탓했다. 매사 남을 탓하고 현실을 탓하며 살아왔다.

IMF 탓, 나라 탓, 회사 탓, 아내 탓, 자식 탓, 친구 탓, 직원 탓, 사기꾼 탓. 모든 일에서 남이 문제라고 생각했다. 하지만 마음공부를 하면서 모든 문제는 내 책임이라는 깨우침을 얻었다. 나의 우주에서 일어나는 모든 일은 나와 관계가 있었다. 사람들과 관계 또한 나와 에너지로 연결되어 있었다. 사람과 사람 사이에 파장이 있고, 주변 사람들과 핏줄처럼 에너지가 연결된 것이었다.

'모든 물리적인 것은 비물리적인 것에서 시작되었고, 우주 만물은 연결되어 있다'라는 이론이 양자물리학이다. 생각, 감정도 주파수가 비슷한 다른 사람들과 연결되어 공동이 처한 현실로 나타난다는 것을 알게 되었다. 삶에서 일어나는 모든 일을 내가 끌어들인 것이라는 것을 인정해야만 탓하기를 멈출 수 있었다. 내 탓임을 알아야 했다. 마음공부를 거듭하면서 조금씩이라도 탓하기를 줄이고, 원하는 삶을 만들려고 노력하게 되었다.

'정신을 집중하고 어떠한 것을 간절히 원하면 실현된다'라는 심리이론을 '피그말리온 효과'라고 한다. 일이 잘 풀릴 것이라고 기대하면 잘 풀리고, 안 풀릴 것으로 걱정하면 안 풀리는 경우가 있었다.

초등학교 졸업 문집을 만들 때 제출한 글을 읽고, 담임선생님이 "우리 OO이! 글 잘 썼네. 작가 해도 되겠어" 이 말을 듣고 작가가 된 장애인이 있다. 부루마블(Blue Marble) 카드 게임으로 영감을 얻어 재산을 증식한 부자도 있다. 이들은 나와 다르게 탓하기를 멈추고 주어진 현실을 받아들이지 않았을까? 남이 가진 것을 탐하지 않고 자기가 가진 것을 활용한 것이 아닐까? 언제까지 얼마만큼 이루겠다는 뚜렷한 목표를 세우고 미션을 끝까지 해낸 것이 아닐까?

탓하기를 멈추면 나만 변하는 것이 아니었다. 연결된 세상이 변하고 미래가 다르게 만들어졌다. 마음공부를 계속한 것은 조금씩이라도 탓하기를 줄이고, 더 나은 미래를 만들고 싶었기 때문이었다. 그 길이 성공하는 길이라고 믿었다.

이 책을 읽는 당신이 사장이라면, 다음에 나열하는 몇 가지를 받아들여서 성공하는 사장이 되라고 권하고 싶다.

첫째, 사장은 반드시 인성을 갖춘 리더여야 한다. 남을 정직하게 대하고 언행일치하는 것을 덕목으로 삼아야 한다. 사업에서 일어나는 모든 책임은 사장의 몫이라는 것을 받아들여라.

둘째, 사장의 인간관계기술 모두가 인프라라고 생각해야 한다. 남 탓으로 돌리는 것, 잘난 척하는 것은 다른 사람과의 관계를 해친다. 불평하는 말을 하고, 신세를 한탄하는 사람 주위에 사람들이 모여들 리만무하다. 사장은 덕을 베풀면서 오랜 시간에 걸쳐 하나하나 탑을 쌓듯 좋은 관계를 구축하는 사람이어야 한다.

셋째, 좋은 습관이 몸에 배도록 해야 한다. 말투, 무심코 하는 행동 등 작은 습관도 되짚어봐야 한다. 메모하는 습관, 시간약속을 지키는 습관은 기본이다.

넷째, 사람에 대한 리스크를 헷지(hedge)해야 한다. 회사에 해를 끼칠 우려가 있는 사람은 도려내야 후환이 없다. 물론 영입하는 사람을 선별하는 안목도 필요하다.

다섯째, 사장으로서 목표가 뚜렷해야 한다. 그래야 직원들도 소속감이 생기고 미래 청사진을 그린다. 함께 만들어가는 '회사의 미래'를 명확하게 설정하고, 직원들과 더불어 나아가는 것이 중요하다.

마음공부를 계속하더라도 남을 탓하는 것을 끝내 멈추지 못할지도 모른다. 아직도 영적 수준이 높지 않은 보통의 사람이기 때문이다. 하지만 잠시라도 탓하기를 멈추고, 내 책임이라는 것을 인정하면 주변이 변할 것이다. 직원들 소속감이 높아지고, 희망에 찬 사람들로 변할 것이다. 파장 에너지는 나로부터 주변으로 퍼져나갈 것이다. 그들의 가

족, 그 가족의 친구 이런 식으로 퍼져나가면 온 세상에 영향을 미칠 수
도 있다. '나비효과'라고 부르는 현상이다. '브라질에서 나비가 날갯짓
하면 텍사스에 토네이도가 일어난다'라는 말로 나비효과를 비유한다.
오늘 당장 탓하기를 멈추어보겠다. 딱, 하루만이라도.

감정을
전염시키지 마라

두려움에서 미움에 이르는 길은 매우 짧다.

〈이탈리아 속담〉

직원들은 부부 싸움하고 출근하는 사장의 기분을 대번에 알아챈다. 아무리 표정을 감추려고 해도 소용없다. 특히 여자들은 감정을 감지하는 능력이 탁월하다. 기분이 나쁘면 그 파장이 다른 사람에게 옮겨가고 온종일 모두에게 영향을 끼친다. 모든 감정은 전염된다. 코로나 초기, 모든 국민이 우울을 겪던 시절을 돌이켜 보라. 세월호 사고, 이태원 사고에 전 국민의 이목이 쏠리던 때를 돌아보라. 나쁜 감정은 좋은 감정보다 더 빠르게 다른 사람에게 옮겨간다.

짜증의 사전적 정의는 '마음에 꼭 맞지 않아 발칵 역정을 내는 짓. 또는 그런 성미'다. 누구나 스트레스를 받게 되면 짜증을 낸다. 짜증이 자주 나면 휴식이 필요한 타이밍이다. 휴가를 내서 쉬는 게 좋다. 삿상 명상의 대가이신 '김병채 선생'은 지금의 마음도 시간이 지나면 과거일 뿐이라고 말한다. 마음도 자기가 입맛대로 만든 것이라고 한다. 기쁨, 노여움, 화, 원망 등 어떤 감정도 시간이 지나면 과거의 느낌일 뿐이라고 말한다. 바로 지금, 마음먹기 나름이라는 말이다.

한 직원이 제일 먼저 출근했다. 사장이 자기 방에서 혼자 술을 마시고 있다. 아침부터 불안한 기운이 맴돈다. 하나둘, 출근하면 저희끼리 쑥덕댄다. '회사에 무슨 일이 있나 봐', '아침 댓바람부터 술이라니!' 사장이 전염시킨 사무실 분위기는 종일 직원들의 사기를 저하시킨다.

급여를 줄 돈이 모자라 허둥지둥 돈을 빌리는 전화를 한다. 소곤소곤 통화하려고 하지만, 직원들은 금방 알아차린다. 돈을 떼먹고 도망간 사기꾼에 대한 경찰조사를 앞둔 사장의 초조한 감정도 고스란히 전염된다. 재판에 출석하는 때의 긴장감도 마찬가지다. 재작년까지 우리 사무실에서 흔히 볼 수 있는 광경이었다.

감정은 표정으로도 나타난다. 미간에 두 줄이 파인다. 경찰서 삼자대질을 앞두고 분노의 감정이 요동칠 수도 있다. 날씨 따라 기분이 오락가락하기도 한다. 주변 사람에게 받아들인 감정에 영향을 받고, 그것을 또 다른 사람에게 전염시킨다.

중요하다고 생각하는 사람이나 대하기 어려운 사람의 말과 행동을 의식하며 살아왔다. 관심을 덜 주거나 거리를 두려고 노력해도 쉽게 되지 않았다. 마음공부 연습에서 다른 사람의 말과 행동에 반응하지 않는 기법을 연습했다. 말을 들으면서도 동요하지 않고, 감정 반응이 일어나지 않게 조절하는 연습이었다. 나쁜 감정을 전염시키지 않는 것도 중요하지만, 다른 사람의 감정에 휘둘리지 않는 것도 중요하다. 행복한 감정이라면 모르겠지만, 남의 감정에 자신이 감정이입 되는 것도 좋지 않다.

요즘 기분이 좋다. 새로 인테리어 공사를 하고, 이사한 집에 만족해 하는 아내를 보면 덩달아 기분이 좋아진다. 책을 출간하고 잠시지만 인기가 높았다. 몇 군데에서 유튜브 출연 요청이 들어왔다. 겸손한 자세를 잃고 자랑하며 호들갑을 떨었다. 아내가 때맞추어 지적했다. 들떠 있는 모습을 들여다보라고. 오만해진 자신의 모습을 직면하라고. 모든 유튜브 방송 출연을 취소했다. 매일 글을 쓰며 살아온 1년을 돌이켜 봤다. 이번에도 영락없이 초심을 잃은 나를 바라봤다.

사장이지만 회사에서 솔선수범하려고 노력했다. 물건 나르기, 우체국 다녀오기 등 몸으로 하는 일을 앞장서서 했다. 직원 수가 줄기도 했지만, 술 중독에 빠져 등한시했던 과거의 게으름을 보상해야 한다고 생각했다. 매출이 몇 년 전에 비해 1/3이 된 상황에서 옛날에 금송아지를 가지고 있던 시절 타령을 해봤자 소용없다는 것을 알고 있다.

'나는 너와 달라', '사장인데 내가 왜?'라는 식으로 사장이 권위를 내세우면 상대와 분리되기 쉽다. 다른 사람의 인격을 내가 만드는 것을 타자화(他者化)라고 한다. 유럽 열강들이 식민지가 된 아프리카를 지배할 때, 흑인을 피부색과 무식함으로 열등화했던 전략이었다. 일종의 가스라이팅이었다. 사장이 권위를 이용해 다른 사람을 외모나 무지, 태도 등으로 타자화한다면 이 회사는 이미 한계까지 도달한 것이다. 아마 이런 회사는 오래 버티지 못하고 망할 것이다.

대부분의 사람들은 남의 인생에 관심이 없다. 사장에 대한 관심도 마찬가지다. 그런데 사장이 지나치게 주목받으려고 하면, 자신을 우상화하려는 오만함이 있는 것이다. 겸손을 잃어가고 있는 것이다. 화가 났다고 얼굴에 쓰고 다니면서 감정을 전염시키면 결국 사장에게 손해가 돌아온다. 좋은 감정을 전염시키면 회사수익이 늘고, 나쁜 감정을 전염시키면 수익이 줄어든다. 미소와 칭찬으로 다른 사람에게 좋은 기분을 전해주면 좋은 결과가 온다. 그 이익을 가장 크게 보게 되는 사람도 사장이다. 그들이 능동적으로 일할 수 있도록 회사를 웃음과 기쁨이 넘치는 공간으로 만들어야 한다.

외식 브랜드 매장에서 근무하는 직원들은 종일 소리친다. "환영합니다. 어서 오세요", "주문 도와드릴까요?", "O번 고객님! 주문하신 OO 나왔습니다" 매뉴얼대로 부르짖는 상업성 멘트지만, 쾌활한 목소리를 들으면 고객들은 기분이 좋아진다.

누구나 감정을 과대 포장해 전염시키기 쉽다. 어떤 사람들은 기쁨의 크기가 5인데 7로 확대해서 "너무 기쁘다"라고 과하게 표현한다. 과거의 상처나 힘들었던 기억도 덧칠한다. 2 정도의 어려움과 상처를 7 정도로 만들어 전염시킨다. 그때는 힘들어서 죽고 싶다는 생각이 들었다는 등 이야기를 확대해 다른 사람에게 전파한다. 나도 그랬다. "이런 상황에 술 없이 버틸 수 있겠느냐?"라는 핑계를 대고 술을 마시며 남 탓을 했다. 행복했던 과거의 기억도 과대 포장해 다른 사람들에게 과장된 감정을 전염시켰다.

"누구나 화를 낼 수 있다. 따라서 이는 매우 쉬운 일이다. 그러나 적절한 사람에게, 적절한 시간에, 적절한 방법으로 화를 내기는 대단히 어렵다."

아리스토텔레스의 말이다. 즉석에서 화난 감정을 드러내지 않고 3초만 참는다면 100% 반대의 효과를 얻을 수 있다. 3초가 분노를 잠재우지는 못하더라도 화가 올라올 때 이성을 찾게 할 만한 시간은 된다. 감정을 옮기는 순간, 단 3초는 어쩌면 3시간만큼이나 긴 시간일지도 모른다.

회사에서 사장은 리더다. 리더는 앞에서 이끄는 사람이다. 나쁜 감정은 속에 갈무리하고 분위기 메이커가 되어야 한다. 그래야 직원들이 즐거워하고, 그 감정이 널리 퍼져 회사를 살찌게 할 것이다.

척척척 박사님

잘난 것도 없는데 잘난 척 하려니까 힘든 거예요.

법륜 스님

남에게 잘 보이고 싶었다. 남을 의식하고 눈치를 봤다. '남들이 나를 어떻게 생각할까?' 남이 나를 평가한다고 생각하는 순간, 그들과 같이 있는 자리가 불편했다. 단점이 드러날까 봐 안절부절못했다.

중독자 모임에서 만난 어떤 사람은 어렸을 때 반마비를 앓았다. 마비가 심하지 않아 학교에 다니거나 동네에서 놀면서도 감추고 살 수 있었다. 그러다가 고등학교 3학년 때 체력장 테스트를 받게 되었다. 전속력으로 달려야 체력장 점수를 받고 원하는 대학에 갈 수가 있었기에 한쪽 팔을 늘어뜨리고 절뚝거리며 뛸 수밖에 없었다. 그는 이때의 수치심을 견디지 못해 중독에 빠졌다고 모임에서 고백했다.

'완벽주의는 현대인의 유행병'이라고 쓴 글을 인터넷에서 본 적이 있다. '완벽한 척' 행동하는 사람이 많다는 말이다. 인정받고 싶어 하는 욕구를 버리는 유일한 방법은 '척'하기를 멈추는 것이다. 하지만 성인(聖人)이 아닌 이상 이것을 멈추기는 쉽지 않다.

나는 척하기의 대표 선수다. 어떠한 척하기든 뚝딱 해낼 수 있는 '척척척' 박사다.

첫째, 잘난 척을 잘한다. 잘난 척하는 레퍼토리가 많아 열거하기도 어렵다. 예를 들면, 추진력이 나보다 뛰어난 사람을 본 적이 없다고 과장했다. 사장을 안 하고 다른 직업을 택했어도 성공할 수밖에 없는 DNA가 있다고 자랑했다.

둘째, 우성인자를 가진 척한다. 머리가 좋은 척한다. 암기는 잘했지만, 수포자(수학 포기자)였다. 응용력이 젬병이라 과학 과목 점수도 형편없었다. 공부를 그다지 잘하지 못했다.

셋째, 배운 척한다. 내로라하는 스펙이 없다. 좋은 대학을 나온 것도 아니고 대학원도 중퇴했다. 형, 누나, 그리고 아들, 딸의 스펙을 내 것인 양 자랑하며 사람들을 대했다.

넷째, 아는 척한다. 여러 방면에서 상식이 풍부한 사람으로 비추어지길 원했다. 독서를 많이 하는 사람으로 보이고 싶었다. 일종의 결핍 장애였다.

다섯째, 부자인 척한다. 어느 정도 사는 것은 맞지만 부자라고 불릴 정도는 아니다. 집이 몇 채라는 둥, 어디에 땅이 있다는 둥 자랑하는 나를 사람들은 밥맛없다고 생각했을 것이다.

"기다려주신 김에 며칠만 더 기다려주세요."

비슷한 문자가 핸드폰 안에 가득하다. 몇 년을 이런 식으로 며칠만, 며칠만을 거듭하며 지겹게 미루어온다. 차라리 한 달, 두 달로 정하면 좋은데, 며칠을 기일로 정해 '진짜 돈을 갚으려나?' 하고 기대하게 만든다. 받기는 글렀다고 생각되는 채무자에게 반말로 문자를 보낸다. "넣으라고", "기어코 도둑O 될래?" 이런 식의 문자를 보내고 나면 그날 기분을 잡친다. 좋은 에너지로 살면서 더 나은 미래를 만들어야 하는데, 이게 무슨 김빠지는 짓이냐고 후회하면서도 당장 돈이 모자라면 분통이 터져 문자폭탄을 날린다. 가진 척하는 내 꼴이 우스워진다. 성공한 사람처럼 과시하던 나는 온데간데없어진다.

가진 척, 아는 척, 배운 척해야 남보다 빛날 수 있다고 생각하면서 살아왔다. 흙수저에서 벗어난 과정을 포장하고 미화했다. 드러내고 싶지 않은 부분을 감추고 나머지만 내보였다. 자랑거리를 만들었다. 전문가의 강의 수료증, 유명인과 찍은 사진을 보여주는 것을 좋아했다. '나는 이런 사람'이라고 포장지에 싸서 상품처럼 내놓아야 사람들이 알아줄 것이라고 생각했다. 부자 되는 법, 성공하는 법을 강의해 교주처럼 행세하며 사람들을 몰고 다니는 사람을 겉으로는 욕하면서 속으로는 부러워했다. 속물이었다.

소신 있게 사는 사람이라고 비추어지고 싶었다. 이런 아이덴티티를 지키려고 더욱 척하기로 위장했다. 센 척해야 무시받지 않을 것 같았다. 뛰어난 부분을 내세워야 남이 깔보지 않을 것이라고 생각했다. 일종의 방어기제였다. 어린 시절, 엄마 말 잘 듣는 아이로 인정받으려는 마음에서 '척'하기가 시작된 것 아닐까? 어린 마음에 형, 누나보다 더 인정받고 싶었던 것은 아닐까?

올해 환갑이다. 남에게 휘둘리지 않고 남의 말을 걸러 들을 수 있다는 이순(耳順)의 나이다. 여태까지 살아온 것과는 다르게 살아야 할 나이가 되었다고 생각한다. 나에게 소설 쓰기를 가르쳐주는 이평재 선생이 한 말이 귀에 맴돈다.

"사람은 두 부류가 있다. 필요한 일을 하는 사람과 중요한 일을 하는 사람."

돈을 벌려고 일을 하는 것은 필요한 일을 하는 것이다. 글을 써서 나의 흔적을 세상에 남기려 하는 것은 중요한 일을 하는 것이다. 선생의 말대로 필요한 일보다 중요한 일을 하는 사람으로 거듭나야겠다. 돈 벌려고 아등바등 사는 것보다 글을 쓰며 남은 인생을 살아야겠다.

우리나라 사람들은 무리 본능이 강하다. 부와 성공을 강의하는 사람의 말을 무작정 믿는 사람들이 있다. 똥인지, 된장인지 가리지 않는다. 나는 이런 사람들을 줏대 없는 '강의 쇼핑족'이라고 부른다. 보수가 좋으면 진보진영의 유익한 정치도 모조리 비난한다. 반대로, 진보를 지지하는 사람은 TV에 보수파가 나오면 채널을 돌려버린다. 어느 한쪽을 지지해야 주관이 뚜렷한 사람으로 비추어진다. 정치성향을 드러내는 순간, 다른 쪽 지지자들과 척진다. 좋았던 관계가 끊어지기도 한다. 여기에서도 '척'하기가 나온다. 보수를 지지하지만 관계가 깨어질

까 봐 입을 다문다. 반대의 경우에도 자신의 정치적 소견을 말하지 않는다. 처세술이 좋다고 볼 수 있지만, 이것도 '척'하기의 일종이다.

우리나라는 상대방의 의견을 존중하는 문화가 잘 형성되어 있지 않다. 맹목적으로 어느 한쪽만 지지하는 군중심리는 위험하다. 우리나라 사람들은 다른 나라에 비해 흑백논리가 유독 심하다. 하지만 '합리적 의심'은 필요한 것이다. 상대의 입장에서 생각하는 유연한 사고도 필요하다. 유럽의 선진국들은 초등학교 때부터 토론하는 수업을 하기 때문에 반대의견을 존중하는 법을 배울 기회가 많다고 한다. 우리나라 교육계가 귀담아 들어야 할 부분이다.

"다른 사람의 호감을 사는 방법에는 두 가지가 있다. 하나는 자신의 단점을 드러내는 것이고, 또 하나는 타인의 장점을 끌어내는 것이다. 이렇게 하면 백이면 백 명 모두가 당신에게 호감을 느낄 것이다."

《리더의 그릇》의 저자이자 경영컨설턴트인 나카지마 다카시(中島孝志)의 말이다. 자기의 단점을 드러내는 것은 용기 있는 행동이다. 나도 단점을 감추면서 혹시라도 드러날까 봐 걱정하면서 살아왔다. 공치사, 과시, 과대하게 포장하며 척하기를 일삼아왔다. 다카시의 조언처럼 당장 나의 단점을 전부 드러내지는 못할 것이다. 그래도 부단히 노력해서 남의 장점을 끌어내는 사람이 되려고 한다. 당신도 다른 사람의 장점에 기꺼이 손뼉 쳐주는 멋진 사람, 사장이 되길 바라본다.

남의 시선을 의식하는
어른아이

우리를 망치는 것은 다른 사람들의 눈이다. 만약 나를 제외한 다른 사람들이
모두 장님이라면, 나는 굳이 고래등같은 집을 원하지 않았을 것이다.

벤자민 프랭클린(Benjamin Franklin)

인디언들은 '오늘 같은 내일이 오기를' 기도한다고 한다. 미래보다
현재에 집중하는 것이다. 하지만 우리는 현재의 가치를 미래보다 소중
하게 여기지 않는 경우가 많다. 오늘보다 조금이라도 나은 내일을 원
한다. 그래서 오늘을 힘들게 견뎌내면서 더 나은 미래를 꿈꾼다.

원하는 것을 얻지 못한 아이, 친구와 싸운 아이는 울음을 터뜨린다.
스트레스와 실패를 경험한다. 이것은 불행한 경험이 아니다. 어른이 되
어가는 과정이다. 난관은 자신을 단련하는 기회다. 아이가 사회를 배
워갈 때, 부모가 개입해서 도와주는 것이 아이를 위하는 것일까. 어른
에게 기대는 마마보이, 마마걸로 키우는 것은 아닐까.

부모의 염원대로 어른이 된 사람도 있을 것이다. 반대로 좌절과 실패를 겪으며, 부모의 기대에 못 미치게 성장하는 사람도 있을 것이다. 부모의 기대를 받았지만 작은 성취만 이룬 아이는 크면서 눈치를 보게 된다. 다른 사람과 비교하며 자신을 비하하게 된다. 몸은 어른이 되어가지만, 마음은 어린아이 그대로인 것이다. 나 또한 어린 시절에 느꼈던 열등감, 수치심을 내면에 감추며 살아왔다.

어머니 바람대로 교사 직업을 가진 며느리와 결혼했다. 속으로는 나도 만족했다. 다른 사람들에게 아내의 직업을 이야기할 때, 뻐기는 마음이 있었다. 자식들이 나와 아내보다 좋은 학교를 나오고 취업을 했지만, 형, 누나의 자식들인 조카들과 비교했다. 어릴 때부터 느껴왔던 열등감이 남아 있었기 때문이었다. 어느 정도의 재산을 모았다. 이것도 어김없이 형, 누나와 비교했다. 50년이 지났어도 형, 누나를 동반자가 아닌 경쟁자로 의식하고 있다.

사업에서 자수성가한 사람이라고 인정받고 싶었다. 남다르게 똑똑한 사람으로 비치고 싶었다. 남의 인정과 칭찬을 받으면 내심 뿌듯했다. 칭찬받으려고 노력했던 어린아이 마음 그대로였다. 9년 전, 어머니가 돌아가셨다. 52살의 나이였지만 고아가 되었다는 상실감이 컸다. 세상 물정 어둡다고 늙은 어머니에게 소리를 지르던 일을 후회해도 아무 소용이 없었다. 9년이 지났지만 사무치게 그리운 순간이 많다. 얼마 전, 산소에 다녀왔다. 중독자로 살았던 자전적인 삶을 적은 첫 책을 산소 앞에 놓고 절을 했다. 눈물이 났다. 61살이 된 지금도 부모님 산소에 가면 어린아이가 된다. 같이 간 큰형이 주차한 길에서 묘소로 다가오는 바람에 성급하게 울음을 감추었지만, 가슴속에서 그리운 감정이 북받쳐 올라왔다.

나는 인복이 많은 사람이다. 아내는 중독자 남편이 맑은 정신으로 돌아올 때까지 기다려주었다. 회사의 스태프도 맡겨진 일을 하며 묵묵히 회사를 지켜냈다. 이제, 부모님 사랑은 받을 수 없지만, 아내와 자식에게서 사랑과 존경을 받으며 살고 있다. 아내는 어머니같이 내게 안정감을 주는 존재가 되었다.

그런데 난관에 부딪혀 빠져나갈 데를 찾아보지만, 출구를 찾을 수 없을 때가 있었다. 아내도, 회사 동료도 큰 도움이 되지 않았다. 아내에게 말해봤자 "회사 일 몰라요. 회사 이야기는 집에서 하지 말아주세요"라고 말해 기댈 데도 없었다. 말해봤자 하소연이 될 뿐이었다. 혼자서 뚫고 나가야 했다. 우스운 이야기지만, 글쓰기에 꽂혀 있는 요즘, 책 내용에 관한 이야기를 자주 하게 된다. 모든 이야깃거리가 글쓰기라 그런지 아내가 지겨워한다. 그만 말하라고 구박을 받고 나면 섭섭한 마음이 든다. 회사 이야기는 물론, 글쓰기에 대한 이야기를 빼면 무슨 말을 해야 한다는 말인가?

헛헛한 마음과 외로움을 이겨내려고 종교를 가져보려고도 했었다. 매일 108배를 했지만 6개월을 넘기지 못했다. 성경책을 필사한 적도 있지만 두 달 만에 집어치웠다. 신부님을 만나도 경외감이 들지 않았다. 스님을 만나 선문답을 해도 속이 시원하지 않았다. 오히려 마음공부에서 위안을 얻고 성찰하는 시간을 가질 수 있었다. 나에게 딱 맞는 위로 법은 의식개발 훈련뿐이었다.

사업을 하면서 사업자금이 모자라도 어머니는 물론, 형제자매에게 돈을 빌린 적이 없었다. 급여가 모자라 이리저리 돈을 빌려야 할 때, 형과 누나에게 전화해 부탁하고 싶었지만 그렇게 하지 않았다. 잘한 일이었다. 가족 간 돈거래는 삼가는 것이 좋다. 잘못하면 혈연의 끈을 잃을 가능성도 있다.

어릴 때, 아버지와 선생님을 큰 산이라고 생각했다. 넘어설 수 없는 존재였고, 복종하는 게 당연하다고 생각했다. 어른이 되면 나도 철이 들 것이라고 막연하게 생각했다. 하지만 61살이 되어도 철이 들지 않았다. 치기 어리고 철없던 시절의 마음 그대로였다. 아니, 어떤 부분에서는 5살 꼬마의 마음을 고스란히 가지고 있을지도 모른다. 사람은 쉽게 변하지 않는다. 아직도 5살 기준으로 생각하고 판단하며 사는 것은 아닐까. 지식이 늘었어도 고민하다가 마지막 결정을 하는 기준은 어린아이 그대로인 것 같다.

내 속에서 남의 시선을 의식하고 있는 어린아이를 놓아 보내고 싶다. 의젓한 61살의 나를 찾고 싶다. 평가받으려는 마음, 눈치 보는 태도를 없애야 한다. '어른아이'가 아닌 나의 정체성을 찾아야 한다. 103살의 철학자 김형석 교수는 "60살이 되니 비로소 철이 든 것 같았다"라고 했다. 그는 철드는 때를 '스스로를 믿을 수 있는, 비로소 자기 인생을 시작할 수 있는 나이'라고 정의했다. 김형석 교수의 말대로라면 철드는 나이, 이제야 철드는 만 60살이 된 것이다.

미래에서 보면 지금의 나도 아이일 뿐이다. 어른아이의 티를 벗고 60여 년 살아온 경험과 소신으로 판단해야 한다. 사람들에게 나의 실패 경험을 들려주고 그들이 나와 같은 실패를 겪지 않도록 알려주는 선한 영향력을 펼치는 사람, 어른스러운 사람, 나보다 남을 위하는 이타적인 사람. 그 길을 뚜벅뚜벅 걸어가보려고 한다.

매사 비교의
잣대를 댄다

다른 사람과 나를 비교하지 말라. 태양과 달을 비교할 수 없듯이
사람들은 모두 각자의 시간에 빛난다.

석가모니(Śakyamuni)

두부요리 식당에서 점심을 먹었다. 한 직원이 두부구이 1인분이 만원인데, 5조각이 나왔다며 비싸다고 했다. 마트에서 파는 두부 한 모의 반의반밖에 안 되는 양이라고 투덜댔다. "맛은 어때요?"라고 물어보았더니 비싸지만, 맛은 좋다고 했다. 나도 "내가 먹어본 전국 두부요리 집 중 최고"라고 맞장구를 치며 맛있게 먹었다. 음식을 보면 맛이 있다 없다, 비싸다 싸다 잣대를 댄다.

사람에게도 마찬가지다. OO는 외모는 어떻지만, 성격은 어떻다고 말하는 게 대화고 가십거리다. "누구는 부자인데 인색하다", "누구는 돈을 잘 쓰는데 실제로는 단칸방에 산다"라며 쑥덕거린다. 사람마다 자기만의 잣대를 대고 평가하면서 산다.

얼마 전, 명절을 앞두고 M생명 지점장이 인사를 왔다. 새로 발령을 받아 처음으로 인사를 나누었다. 나에게 신용카드 크기의 꽃무늬 봉투를 내밀었다. 봉투 안에 명함과 코팅된 네잎클로버를 정성 들여 넣어 놓았다. 그녀와 이야기를 나누었다. 고등학교 친구 5명이 독서 모임을 하는데, 돌아가며 한 명이 5권의 책을 사서 나누어주고, 다음 주에 만나 밥 먹고 독서 토론을 한다고 했다.

"무슨 책을 읽느냐?"로 시작해서 이야기가 꼬리를 물고 이어졌다. 이야기를 나누면서 그 사람을 평가했다. 자주 되물으면서도 잘 믿지 못하며, 의심이 많은 사람으로 보였다. 듣기보다는 말하는 것을 좋아하고 남의 이야기 중간에 끼어들기 좋아했다. 잣대를 대고 단점 위주로 상대를 평가했다. 남편이 하는 일, 자식 이야기까지 시시콜콜 이야기를 듣다 보니 심성이 온순하고 친화력이 있는 사람이었다. 장점도 보이기 시작했다. 사인을 해서 내가 집필한 책을 선물했다. 그러자, 핸드백을 뒤지더니 붓으로 글씨를 써서 나에게 주었다. '나를 쓰고 나를 남긴다'라는 글귀였다. 내 책 '들어가는 글' 말미에 쓰여 있는 문구였다. 캘리그래피를 배웠다고 했다. 처음 본 사람을 이 잣대, 저 잣대로 평가한 오후였다.

오전에 있었던 일이었다. 보건소 중독관리센터에서 주관하는 알코올중독자 모임에 갔다. 의사와 센터 직원, 그리고 중독자들이 90분 동안 자유롭게 이야기를 나누었다. 명절 제사를 마치고 음복을 피하는 것이 주제였다. 말 많은 노인들의 시시콜콜한 이야기가 대부분이고,

신입 멤버들은 좀처럼 말할 기회가 없었다. 내용이 시시했다. 괜히 왔다고 후회하고 있을 때, 처음 보는 사람이 말을 하기 시작했다. 10번 정도 정신병원과 기도원에 감금, 치료받았던 사람이었다. 23년을 단주하고 있다고 했다. 소설 같은 그의 인생을 논하지는 않겠다. 오늘 모임에 잘 나왔다고 생각이 바뀌었다. 그 사람을 거울삼아 나의 단주 의지를 북돋은 것만으로도 오전 일과를 보상받은 기분이었다. 모임에서 발언한 사람 모두에게 잣대를 대고 마음속으로 점수를 매기고 있었다.

오후에 퇴근하면서 업무직원 몇 명에게 치킨 이모티콘을 선물했다. 업무가 과해서 고생한 직원에게만 선물했다. 종일 잣대를 대고 비교한 하루였다. 유독 이날만 그랬을 리 만무하다. 매일매일 잣대를 대는 게 내 일상의 패턴일 것이다. 아내에게 우스갯소리로 이번 명절에는 선물이 몇 개 안 들어왔다고 이야기했다. 아내는 선물 받는 것을 그다지 좋아하지 않는다. 얼마 전에 받은 굴비와 햄 세트도 회사 직원에게 나누어 주었다. 아내는 "우리는 부자니까 사서 먹으면 되지요. 밥 먹고 장보러 가요"라고 말했다. 잣대 대는 마음을 내려놓고 장을 보러 갔다.

오후 9시, 1시간 동안 온라인을 통해 신인 작가의 저자 특강을 들었다. 그는 초등학생 자녀에게 용돈 관리, 저축 등 경제개념을 알려준 경험을 책으로 썼다. 부자들의 습관이 몸에 배도록 아이들에게 작은 것부터 실천하게 해주라는 내용이었다. 부동산이나 세금에 대한 저자의 지식이 얼마나 될지 궁금해졌다. 여기에서도 잣대를 들이대는 것이다. 잣대를 대는 것이 자동으로 작동하는 스위치 같다고 생각했다.

다음에 쓸 책으로 '한국형 탈무드'처럼 어린아이 눈높이에 맞는 경제 지침서를 기획하고 있었다. 경제 제도, 금융 수업, 재테크에 관한 내용이다. 저자의 책과 나의 새 책 기획 내용이 겹치면 어떡하나 걱정했지만 기우였다. 집필 방향도, 글의 전개도 달랐다. 이날 하루, 일어난 일을 예를 들며 글을 쓰다 보니 모두가 잣대를 대고 비교한 것투성이였다.

마음공부를 하며 반응하지 않는 법을 배웠다. 짜증이 올라오면 '짜증이 올라오는구나'를 알아차리고, 반응하지 않으려고 했다. 화나는 감정을 다스리는 능력이 조금이나마 좋아졌다고 생각한다. 비교하고 잣대를 대는 고질적인 습관도 줄여야겠다고 다짐해본다. 내가 만든 기준은 나만의 척도일 뿐이다. 통념적으로 적용되는 가치가 아닌 주관적 기준일 뿐이다.

결핍을 느끼고 남을 부러워하면서 살다 보니 나만의 척도가 생겼다. 회사나 조직도 고과를 매기거나 업무 평가를 한다. 평가를 통해 효율성을 높이고 적절한 반대급부를 준다. 이는 조직을 운영하는 데 필요한 것이다. 단지, 개인의 기준으로 다른 사람의 인격과 자질을 결정지어서는 안 된다. 사람은 누구나 신성한 존재다. 조금 높은 위치에 있다고, 오래 살았거나 많이 배웠다고 잣대를 대고 가늠자를 들이대서는 안 된다. 그래야 '된 사람'의 범주에 들어갈 수 있다.

사장이 '된 사람이 되어야 할 명분'을 일일이 거론하지는 않겠다. 남을 인정하는 데 인색하고 내가 더 낫다고 비교해봤자 자괴감만 들 뿐이다. 잣대를 대고 나는 이런데, 너는 이것밖에 안 되냐고 무시하는 사장에게 성공의 열매는 열리지 않을 것이다. 강한 자 앞에서 주눅 들고 약한 자에게 분풀이해 온 나의 나쁜 마음부터 버려야겠다. 비교하고 남을 평가하는 마음도.

글 쓰는
사장이 되다

누구에게나 천재의 목소리가 들어 있다.

나탈리 골드버그(Natalie Goldberg), 《뼛속까지 내려가서 써라》

"수업에서 자신이 쓴 글을 읽다가 울음을 터뜨리는 학생이 있다. 좋은 일이다. 눈물을 흘리며 글을 쓰는 학생도 있다. 나 역시 같은 경험이 있다. 하지만 나는 그들에게 멈추지 말고 계속해서 쓰라고 말한다. 자신의 감정을 넘어서야만 저 반대편 심장부에 이를 수 있기 때문이다. 눈물을 흘리는 데서 멈추어서는 안 된다. 눈물을 넘어 진실을 파고들어라."

나탈리 골드버그(Natalie Goldberg)의 《뼛속까지 내려가서 써라》에 나오는 글이다.

글쓰기 수업을 받고 첫 글을 쓰던 날, 어린 시절의 나를 맞닥뜨렸다. 열등감과 수치심에 허우적대는 겁쟁이 아이. 몇십 년이 지나 신체는 어른이 되었지만, 마음은 어린아이 그대로였다. 울음이 터졌다.

술독에 빠져 허구한 날 인사불성 되던 나를 지금의 일상으로 되돌아오게 만든 것은 글쓰기였다. 매일 글을 쓰며 내면의 나를 들여다봤다. 정직하게 세상을 보고 글에 담으려고 노력했다. 글쓰기는 자아를 찾아가는 좋은 도구가 되었다. 중독에 관한 서적을 보면 '대체중독'이라는 말이 나온다. 다른 어떤 것에 꽂혀야 고질적인 중독에서 빠져나오기 쉽다는 것이다. 알코올중독에서 빠져나오기 위해 글쓰기에 대체중독 되려고 노력해왔다.

글 쓰는 삶을 선택한 이후 인생이 변했다. 하루에 최소 5시간 글을 쓰려고 노력했다. 단주 생활은 다음과 같은 삶의 변화를 가져왔다.

첫째, 선망해왔던 작가라는 직업이 생겼다. 인터넷신문이 조사한 직업 만족도 2위가 작가라는 보도를 접한 적이 있다. 5위가 작곡가였다. 창작은 사람들에게 매력을 주는 일이고, 작가는 많은 사람이 선망하는 직업이었다. 중독에서 빠져나오려고 쓴 첫 책을 세상에 내놓았다. 1년 전만 해도 작가가 된다는 것을 언감생심, 생각하지 못했다. 작가가 되었다는 성취감과 단주를 해내고 있다는 희열은 삶의 자양분이 되었다.

둘째, 관계를 회복했다. 중독자로 살면서 사람들에게 신뢰를 잃어가고 있었다. 친구와 지인들이 떠나가고, 믿었던 가족과의 관계도 조금씩 깨지고 있었다. 음주를 멈추고 글을 쓰면서 가족의 따뜻한 지지를 다시 얻게 되었다. 떠났던 친구, 동료와의 관계도 천천히 회복하고 있다. 시간이 걸리겠지만 떠나간 사람들이 모두 돌아오면, 삶이 예전처럼 풍요로워질 것이다.

셋째, 자신감과 자존감의 회복이다. 지금 생각해봐도, 중독자라고 세상에 커밍아웃한 것은 잘한 일이었다. 스스로 밝히고 나니 오히려 마음이 후련했다. 사람들이 내 과거를 들추어 중독자라고 비아냥거려도 화를 내지 않을 자신이 생겼다.

중독에 관한 자전적인 내용의 책을 내고 한 독자에게서 보약을 선물 받았다. 보낸 사람을 어렵게 찾아 연락했다. 책에 적혀 있는 내용으로 내 체질을 알아내 약을 제조했다고 말했다. 모 중독전문병원의 원장과 중독심리학 교수의 메일을 받았다. 중독자라고 밝히고 솔직하게 고백한 용기를 높이 산다는 내용이었다. 미래에 대한 두려움보다 자신감이 커졌다. 술독에 빠져 자신을 비하하던 사람에서 자신을 존중하는 사람으로 자존감을 높일 수 있었다.

넷째, 겸손해졌다. 정직하게 글을 쓰려고 노력했다. 내용을 부풀리거나 과시하지 않았다. 글을 쓰면 치유의 효과가 있다는 말에 전적으로 동의하고 있다. 익을수록 고개를 숙이는 벼처럼 글 쓰는 시간이 길어질수록 더욱 겸손한 작가가 될 거라고 기대한다.

다섯째, 인생의 목표가 바뀌었다. 돈을 벌어서 남보다 부자로 살려고 급급해하며 살아온 시절이 있었다. 남들과 비슷한 일을 하는 것은 흥미롭지 않았다. 우연한 기회에 글쓰기를 접한 것은 행운이었다. 에세이, 자기계발서 책을 냈지만 글쓰기에 관한 한 아직도 배가 고프다. 지금까지는 돈을 버는 게 아닌 대체중독을 위한 것이었을지 모르지만, 이제는 돈도 벌고 명예도 얻을 수 있는 대중적인 글을 쓰려고 한다. 드라마 작가가 되거나 소설가가 되고 싶은 꿈이 생겼다. 문학이나 인문학을 전공하지 않은 사람이 걸어가기에 험한 길이 될 수도 있다. 하지만 돈도 벌고, 명예도 얻는 그날까지 묵묵히 공부하며 나아가려고 한다.

2022년, 글쓰기를 접한 것은 인생의 전환점이 되었다. 좋은 스승을 만나 체계적으로 공부했다. 살아오면서 한 가지에 몰입해 1년이라는 시간을 보낸 적이 있었는지 잘 기억나지 않는다. 일에도 궁합이 있다면 글쓰기와 나 사이는 찰떡궁합인 것 같다. 중독자라는 굴레에서 벗어나게 해준 계기가 된 것은 물론, 앞으로 어떻게 살아가야 할지에 대한 해답을 얻을 수 있었다. 인생에서 세 번 온다는 기회 중 한 번의 기회가 글쓰기를 만난 것이라고 생각하고 있다.

내 책을 읽고 한 명이라도 알코올중독에서 벗어난다면 그것으로 족하다. 내 책이 부동산 투자의 길라잡이가 되었다는 독자의 한 줄 평만 있어도 된다. 초보 작가는 여러 사람에게 감동을 줄 수 있는 인생 책을 쓰기 어렵다. 하지만 계속 글을 쓰다 보면 그런 작품이 나오지 말라는 법도 없다. 꾸준히, 초심을 잃지 않고 솔직한 글을 써야 한다. 키보드를 두드리는 '탁탁탁' 소리가 듣기 좋다. 키보드를 멈추지 않고 한 단락을 마치고 나면 기분이 좋다.

꺼내기 부끄러운 이야기, 치부를 드러내는 스토리로 첫 책을 냈다.

사람들이 '왜 부끄러운 이야기를 썼느냐?', '이런 글은 나도 쓰겠다'라고 비웃는 일이 벌어질 것이라고 생각했다. 헛된 걱정이었다. 대부분의 사람들은 남의 인생에 관심이 없었다. 책에 나오는 등장인물 대부분에게 책을 보내주었다. 본인들의 술주정 이야기도 담겨 있었다. 읽었는지 아닌지 명확히 모르지만 별다른 평이 없었다. "솔직하게 썼네" 정도의 미지근한 반응이었다.

나탈리 골드버그(Natalie Goldberg)는 '작가는 인생을 2배로 살아가는 사람'이라고 했다. 길에서 만나는 여느 사람들처럼 일상을 살아가는 첫 번째 인생이 있고, 모든 것을 다시 곱씹는 작가로서의 두 번째 인생도 있다고 했다. 오랜 기간 술을 마시며 낭비한 시간이 많다. 버려진 시간이 아깝다. 그렇다고 지나간 과거를 되돌릴 방법은 없다. 잃은 시간을 복구하는 나름의 방법이 글쓰기라고 생각한다. 나탈리의 말처럼 글쓰기를 통해 두 번째 인생을 살아보려고 한다. 모든 것을 곱씹으며.

'나를 쓰고 나를 남기는 OOO'라는 한마디를 덧붙여 저자 사인을 한다. 보잘것없는 내 인생이지만 글을 쓰면서 세상에 흔적을 남기려고 한다. 다른 사람이 내 책을 읽고 실패를 피할 수 있거나 부동산 투자에서 한 번이라도 행운을 얻는다면, 그것으로 족하다. 내 자식이 아버지의 삶을 이해해주고, 아버지보다 멋진 인생을 만들어간다면 더할 나위 없을 것이다.

"나는 이미 나의 종교를 가지고 있었다. 하지만 나에게 세상에서 책보다 소중한 것은 아무것도 없었다. 나로서는 서재가 곧 신전이있다."

사르트르(Jean Paul Sartre)의 말이다. 그에게 글쓰기와 책은 신성한 것이었다. 나도 끝까지 사르트르의 정신을 배우며 살아갈 것이다.

글쓰기에 대해 비교적 장황하게 논했다. 그렇다고 당신에게 글을 쓰라는 말은 아니다. 나의 경우, 알코올 문제가 우선적으로 극복해야 할 과제였고, 이 고비를 넘는 데 글쓰기가 해법이 되었다는 것뿐이다.

공황장애를 앓고 있는 연예인들이 많다고 한다. 사장도 연예인 못지않게 사람들에게 주목받는 자리다. 남의 평가를 받는 것은 부담스럽다. 만약 당신도 정신적으로 힘든 상황이라면 흥미로운 일을 찾아 몰입해보는 것도 좋은 대안이 될 것이다. 무엇이든 신나게 하는 사장이 되라!

21년,
사장 마음증명서

마음의 무게를 가볍게 하라. 마음이 무거우면 세상이 무겁다.

이건희 회장

앞에서 '척'하기와 탓하기, 비교하고 잣대를 대는 마음에 대해 논했다. 열등감과 수치심에 대해서도 서술했다. 17살, 아버지의 죽음과 집안의 몰락으로 닥친 가난한 현실을 감당하기 힘들어했다. 이미 성인이 된 형, 누나와 달리 고등학생인 나만 희생자가 되었다고 생각했다. 현실을 비관하며 우울하게 하루하루를 살았다.

그럼에도 주어진 현실보다 나은 미래가 올 것이라고 기대하며 살았다. 어느덧, 어려움을 딛고 일어서서 어른이 된 스스로를 대견하게 느꼈다. 과시하는 마음이 생겼다. 사업을 하며 남을 통제하는 마음도 드러났다. 군림하고 싶어 하며 자랑을 일삼는 속물이 되었다. 지금 와서 생각해보면 드러내지 않고 있었을 뿐, 이빨과 발톱을 감추고 사냥감을 찾아다니는 맹수처럼 성격이 형성된 5살 어린아이의 마음 그대로 평생을 살아왔는지 모른다.

【사장 마음증명서】

사장으로 살아온 삶을 돌아보면서 마음일기 형식으로 적어본다.

1. 너그러움

반찬이 하나 남으면 먹고 싶어도 다른 사람을 위해 참았다. 먹지 못할 만큼 반찬을 많이 덜어와 아까운 음식이 버려져도 개의치 않는 사람을 혐오했다. 나보다 남을 먼저 챙기는 사람인 척하며 자비로운 사람 행세를 했다. 합리적이고 배려하는 사람으로 비치길 원했다. 너그러운 사람, 좋은 사람으로 인정받으려 했다. 남을 너그럽게 대하는가? 남의 장점을 인정하는가? 글쎄, 이기적이고 내 것을 잃을까 봐 벌벌 떠는 속물일 뿐이었다. 먹튀 사기를 당하면서 남을 믿지 못하는 마음이 점점 커졌다. 사기꾼만 불신하는 게 아니라 믿을 만하고 가까웠던 사람들까지 의심하는 사람으로 변해갔다. 점점 너그러운 마음을 잃고 이기심만 키우고 있었다.

2. 과시

평범하면서 비범한 척, 똑똑한 척, 돈이 많은 척 연기하는 데 선수였다. 척하기는 결핍 장애의 산물이었다. 부족한 것을 숨기거나 보충하려고 하는 마음에서 생겨났다. 그렇기에 조금이라도 가진 것이 있으면 과장하고 포장했다. 가만히 있으면 무시당한다고 생각했고, 과시해야 내 영역을 지킬 수 있다고 믿었다. 수컷 동물의 '영역 표시'와 별반 다르지 않았다.

캘리포니아대학교 심리학 교수인 폴 에크만(Paul Ekman)에 따르면, '사람은 평균적으로 하루에 200번의 거짓말을 한다'라고 한다. 이는 8분에 한 번씩 하는 꼴이다. 과시를 하다 보면 거짓말을 덧붙여 과대포장하기 일쑤였다. 글을 쓰면서 '이런 사람으로 살아왔구나' 하고 알아차릴 수 있었다. 글쓰기의 힘이었다. 개인적인 생각이지만, 말을 잘하는 사람보다 글을 잘 쓰는 사람이 더 솔직하다고 생각한다. 만약에 신이 말하는 능력과 글 쓰는 능력 중 한 가지를 고르라고 한다면, 나는 글 쓰는 재주를 달라고 청할 것이다.

3. 탐욕

사업을 하면서 돈 욕심이 더욱 커졌다. 큰 회사로 만들고 싶었다. 성공적으로 자식을 키우고 싶어 했다. 으리으리한 집에 살고 싶었고, 좋은 차를 타고 싶었다. 욕심의 끝을 모른 채 평생을 살아왔다.

샐러리맨 시절에 점심을 먹으러 여럿이 가면 속으로 동료들을 비난했다. 자기들이 밥값을 내는 날은 자장면을 먹고, 내가 사면 갈비탕을 먹었다. 남의 욕심을 비아냥거렸다. 욕심쟁이였던 나는 욕심을 들키지 않으려고 마음속 깊이 갈무리했다. 61살이 되고 나서야 돈 욕심을 조금씩 내려놓고 있다. 글을 쓰며 나머지 인생을 잘 매듭지으려고 한다. 이제야 돈 욕심보다 좋아하는 일을 하려는 마음이 우선이 되었다.

4. 남을 보는 관점

남을 사기꾼으로 본 적이 많았다. 속 좁은 사람이 되어 남을 이해하지 못했던 적도 많았다. 나에게는 관대하고 남들을 편협하다고 욕했다. 나만 소중했고, 내 것부터 챙기는 마음은 남을 미워하게 만들었다.

5. 조급함

다혈질에 성미가 급했다. 결정을 앞두고 머뭇거리는 상대를 다그쳤다. 한번 정하면 밀어붙이는 사람이라는 인상을 주고 싶어했다. 언제나 합리적으로 판단하는 사람이라는 이미지를 심으려고 했다.

미지근한 물은 마신 것 같지 않았다. 커피는 뜨겁게, 물은 냉수로 마셔야 속이 후련해지는 느낌이었다. 흑백논리가 분명했다. 사업을 하면서 성급하게 덤비다가 손해 본 경우를 일일이 나열할 수 없다. 성급한 결정으로 실수한 일들이 21년 내내 수없이 점철되어 있다. 조급함은 사업에서 크나큰 방해요인이 되었다.

다산 정약용은 책을 쓰며 감정을 다스렸다고 한다. 18년 유배 생활 동안 복숭아뼈가 세 번이나 구멍이 나도록 집필에 몰두했다고 한다. 그는 유배지에서 500권이나 되는 많은 책을 썼다. 그에게 글쓰기는 화를 다스리는 진통제였나 보다. 유배지에서의 고단한 삶을 살아가는 명분이었을지도 모른다. 나 또한 글쓰기를 통해 많은 것을 배우고 있고, 명분을 찾아가고 있다.

인간이 가진 문제 대부분은 소통의 부재에서 기인한다. 사장으로서 소통하지 못한 적이 많았다. 문제를 만들기도 했고, 남을 탓하기도 했다. 오해를 만들고 편견을 가졌다. 욕심을 부리고 부족함을 느끼며 가진 자와 비교했다.

자연은 수십억 년을 끄떡없이 존재해왔다. 자연스럽다는 말이 있다. 그냥 그 자리에 있는 것이 자연이다. 사람도 자연스러워야 한다. 치장되었던 나에게서 날것 그대로의 나로 돌아가려고 한다.

새해 결심을 하면 작심삼일이 되기 일쑤였다. 나이를 먹으니 결심을 1년 내내 유지해야겠다고 다짐하게 된다.

"사장으로서 나는 자연스러워지기로 결정했다."

2023년, 새해 벽두의 화두였다.

제5장

이용기의
사장 수업

사장을 꿈꾸는
당신에게

항상 갈구하라. 바보짓을 두려워 마라.

스티브 잡스

"성공은 형편없는 선생님이다. 그것은 똑똑한 사람으로 하여금 절대 실패할 수 없다고 착각하게 만든다."

빌 게이츠(Bill Gates)의 말이다. 성공의 맛을 보면 초심을 잃게 되고 자만심이 생긴다. '기고만장하는 마음을 조심하라'는 말이다. 전쟁에서의 전술과 전략, 바둑의 수 싸움, 투자 시점과 매각 타이밍, 모든 것이 리더의 순간순간 판단으로 이루어진다. 리더인 사장에게는 유연한 사고도 중요하지만, 순간순간 기지를 발휘하는 순발력이 필요하다.

'당신이 제일 잘하는 것, 잘할 수 있는 것은 무엇인가?' 그것을 사업 아이템으로 잡아야 한다. '내가 잘하는 것과 사업하고는 안 맞아' 하고 속단하지 말아야 한다. 서울로 내려온 함경도 출신 '북청물장수'는

100년 전, 서울에서 물을 팔았다. 물을 사고판다는 생각 자체가 없었던 시절이었다. 몇 달 전에 편의점에서 명절 선물로 내놓은 고가의 독일차가 팔렸다. 자판기로 골드바를 파는 편의점도 등장했다. 발상의 전환이 필요하다.

'팔 가치가 없는 것은 없다'라는 게 나의 생각이다. 언젠가 편의점에서 산소를 파는 일이 생길지도 모른다. 역으로 생각하면, 어떤 것도 상품이 되는 시대에 우리가 사는 것이다. 산업화 시대를 지나 4차 산업혁명 시대가 다가오고 있다. 세상은 빠르게 변한다. 조금만 한눈팔면 내가 생각조차 못 한 다른 세상이 될지도 모를 일이다.

《천 원을 경영하라》는 아성다이소의 박정부 회장의 책이다. 흔히, 사람들은 다이소의 성공비결이 1,000원, 2,000원, 3,000원 등 다양한 가격의 스펙트럼에 있다고 생각한다. '가성비'가 다이소의 강점이라는 말에 반론하지는 않겠다. 하지만 이런 상품을 찾아내 유통시킨 그의 저력을 간과해서는 안 된다. 미국에서 유통과 상품개발을 배우고, 스페인에서는 저가상품 소비 패턴을 파악하고, 중국에서 발품을 팔며 생산 라인을 찾아다닌 결과였다. 이 세 가지를 얻기 위해 박 회장은 고단한 여정을 지나왔을 것이다. 보따리 장사에서 시작한 천재 상인의 탄생 일화다.

그는 "사업이란 자전거와 헬리콥터를 타는 일과 같다"라고 말했다. '앞으로 나가기 위해서는 자전거 페달을 쉼 없이 밟아야 하고, 급박한 상황에서는 헬리콥터 프로펠러가 쉼 없이 돌아야 날 수 있다'라는 말이다. 대부분의 기업은 제조원가에 이익을 보태 가격을 결정한다. 하지만 다이소는 정해진 가격에 맞추어 상품을 개발하는 역발상을 했다. '다이소에 가면 다 있을 거야'라고 생각하는 고객의 기대에 부응하기 위해 잘 팔리지 않는 상품도 꾸준히 판매를 유지한다. 1997년, 마흔다섯의 나이에 13평 천호점을 오픈한 이후 1,500개의 매장과 연 매출 3조 원의 기업으로 일구어낸 박정부 회장의 드라마 같은 성공 스토리다.

사업을 하면서 겪었던 '경우의 수'를 살펴보면서 사업에서 간과해서는 안 될 요소를 짚어본다.

첫째, 믿을 수 있는 사람이 한 명이라도 있어야 한다. 앞에서 나는 인복이 있는 사장이라고 말했다. 사람이 얼마나 중요한지도 수차 이야기했다. 일본에서 경영의 신으로 불리며 '사람이 경영의 전부'라고 말한 마쓰시타 고노스케도 소개했다. 그가 아니더라도 삼성의 이병철 회장 등 경영에서 사람의 중요성을 주장한 사람은 수없이 많다.

공동대표이사였던 사람이 관계회사에서 차 할부금 등 뇌물을 받다 나에게 들켜 쫓아낸 일을 앞에서 이야기했다. 본부장으로 일하던 직원이 사람들을 꼬드겨 데리고 나가 사업체를 차린 일도 이미 논했다. 사람을 잘못 고용해 수십억 원의 돈을 사기당한 일도 있었다. 이러한 시행착오를 겪으며 21년을 버티다 보니 믿을 만한 사람 한 명이 얼마나 중요한지 절감하게 되었다.

둘째, 사업성을 따져볼 줄 알아야 한다. 수요와 공급, 인풋과 아웃풋의 원리를 알아야 한다. 원가와 수익의 적정한 배분도 중요하다. 제조업이라면 60%(원가), 30%(인건비, 유통비용, 경상비 등 부대비용), 10%(이익)의 포트폴리오가 적당하지만, 산업별, 상품별로 다를 수 있다. 유통, 서비스업이라면 원가보다 부대비용의 비율이 높아질 것이다.

셋째, 리스크를 헷지해야 한다. 최악의 상황에 대비해 재난보험에 가입하고, 준비금을 적립하는 것이 좋다. 잉여금을 만들어 넉넉한 유동성을 유지한다면 더할 나위가 없을 것이다.

넷째, 시장의 흐름, 트렌드를 읽는 눈이 필요하다. 소비 패턴의 변화를 알아야 한다. 그러기 위해서는 직원들의 다양한 의견을 수용하는 것이 좋다. 여러 사람의 지혜를 활용할수록 좋은 수가 나오게 된다. 고루한 몇 사람의 마인드로는 뒤처질 수 있다는 말이다. 세상이 변하는 속도의 평균만큼이라도 따라가야 살아남을 수 있다.

다섯째, 자금 운용의 노하우다. 사업에서 돈은 피 같은 역할을 한다. 피는 몸 구석구석 산소와 영양분을 전달하는 역할을 한다. 피가 돌아야 생명이 유지되듯이 사업체도 돈이 돌아야 살아 움직일 수 있다. 레버리지 경영은 외부에서 돈을 조달해 사업을 키워나가는 경영 방법이다. 부채를 감당하면서 사업체를 키우는 설비 투자 방식은 사업에서 관행이라고 할 수 있다. 만약 당신이 부채를 부정적인 관점으로 보는 보수적인 사장이라면, 이제라도 생각을 전환하라고 권하고 싶다. 회사를 개인 것이라고 보면 안 되듯이, 빚도 개인 빚으로 보면 안 된다. 타인의 자본을 이용해 사업의 규모를 늘리고, 수익의 증대를 꾀하는 것은 사업의 기본 중 기본이다.

여섯째, 과거의 호황, 성공에 연연해하지 말아야 한다. 자동차 백미러를 보듯 과거의 미련을 버리지 못하면 풍요로운 결실을 볼 수 없다. 과거에 연연해하는 습관은 인생에 아무런 도움이 되지 않는다. 인류 역사상 모든 위인은 진취적인 사람들이었다.

일곱째, 일희일비하지 말아야 한다. 현재의 사업 실적, 은행 잔고, 매출 전망 등에 일희일비하거나 시시각각 변하는 사장의 표정은 직원들을 혼란스럽게 만들 뿐이다.

사장이라면 이것 말고도 기본적으로 갖추어야 할 덕목이 많다. 우선, 신뢰받을 수 있는 사람이어야 한다. 정직해야 하고, 다른 사람을 배려할 줄 알아야 한다. 솔선수범하는 자세도 갖추어야 한다. 군림하려고 하지 않아야 하고, 앞장서서 싸움터에 나가는 선봉장이 되어야 한다. 리더는 그런 사람이다. 법인이든, 자영업자든 사업체도 인격이 있다는 관점으로 보면, 사장이 사업체의 몸통인 것이다. 머리(아이디어)와 손(조립과 제조), 발(마케팅)은 다른 사람의 힘을 빌릴 수 있지만, 심장이 자리하고 있는 몸통(생존)은 사장의 몫이다. 사업체가 생길 때부터 없어지는 날까지, 사장의 목숨이 끝나는 날까지 쉬지 않고 기업의 심장도 같이 뛰어야 하는 이유다.

"최고가 되기 위해 가지고 있는 모든 것을 활용하라. 이것이 바로 내가 사는 방식이다."

당시 사회적 편견이었던 흑인이라는 핸디캡을 가지고도 최고의 토크쇼 진행자가 된 오프라 윈프리(Oprah Gail Winfrey)의 말이다.

리더의
역량을 키워라

리더십은 비전을 현실로 바꾸는 능력이다.

워렌 베니스(Warren G. Bennis)

리더와 팔로어 사이의 문제는 소통이다. 따르는 사람(follower)이 없으면 리더가 존재할 수 없다. 리더는 혼자 존재하지 못한다. 요즘에는 부드러운 리더십, 수평적 리더십이라는 말이 각광을 받고 있다. 중앙 집권적 소통에서 다원적 소통으로 변하고 있는 것이다. 조화를 통해 따뜻하게 소통하면서 구성원을 리드하는 지도자가 높은 점수를 받는 시대다.

회사나 조직에는 고유의 문화나 아이덴티티가 있다. 체계화된 업무 시스템으로 어떤 한 사람이 없어도 잘 돌아가는 회사도 많다. 이런 회사에는 새로운 리더가 기존 프레임을 바꾸기 어렵다. '하면 된다' 식의 군대 스타일로 불도저처럼 밀어붙이는 산업화 시대의 리더십은 요즘

트렌드에 맞지 않는다. 어떤 일이든 꼼꼼히 분석하고 다양한 사람들의 가치관을 모으는 지혜가 필요하다. 통합적 사고가 필요하다는 의미다. 리더는 스포츠팀 감독이나 오케스트라의 지휘자 같은 역량이 필요하다. 원팀이 되어 승리하게 만드는 힘, 최고의 협연을 이끄는 기술이 바로 리더의 기술이다.

2015년, 12개의 작은 회사가 통합해 한 회사가 되었다. 새롭게 도약하자는 의미로 고수 부지에서 단합대회를 개최했다. 운동 경기도 하고, 함께 노래도 부르는 모임이었다. 50명 내외의 사람이 모였다. 100m가 넘는 거리에 있는 콘크리트 단상 콘센트에 전기 플러그를 꽂고 준비한 노래방 기계와 앰프를 연결했다. 운동장 옆 그늘에 앉아 삼겹살을 구워 먹고 노래를 부르며 분위기가 고조되었다.

늦게 다른 팀이 고수 부지에 도착했다. 자기네 앰프 전기선을 꽂으려고 하자 콘센트에 남은 구멍이 없었던 모양이었다. 상의 없이 우리 선을 뽑고 자기네 선을 꽂았다. 갑자기 우리 마이크와 앰프가 작동하지 않았다. 화가 난 직원이 단상으로 뛰어갔고 부지불식간에 그들과 몸싸움이 생겼다. 다른 사람들도 우르르 단상으로 달려갔다. 나도 술을 마시고 있다가 객기가 동했다. 단상으로 뛰어가 주먹질하려고 손을 휘저었다. 사람들이 말려서 실제 주먹싸움으로 이어지지는 않았지만 돌이킬 수 없는 실수를 했다. 술에 취한 사장의 저속한 행동을 사람들에게 드러낸 것이었다.

나쁜 이미지는 굳어지면 좀처럼 바꾸기 어렵다. 어떤 사람의 기억에는 평생 첫인상이 지워지지 않는다. 사장이 경거망동해서는 안 되는 이유다. 사장은 언제나 공인의 지위에 있다고 생각하고 흐트러짐 없이 자중해야 한다.

2015년 6월, 직원 40명을 인솔해서 중국 장가계로 여행을 갔다. 손님들을 대접한다고 가이드가 특별히 호텔 식당을 빌려 저녁 연회 자리를 마련했다. 진행 도중 한 명씩 앞으로 나가 여행 소감을 발표하도록 했다. 무심코 넘어갔지만 몇 명이 발표 기회를 얻지 못하고 연회가 마무리된 모양이었다. 다음 날, 소외되어 감정이 상한 사람들이 관광 일정에 잘 협조하지 않았다. 온종일 찝찝한 기분이 들었다. 삐쳤던 몇몇은 여행을 마치고 돌아와서도 몇 달간 불만을 토로했다.

가야만 하는 상갓집에 가지 않거나 근조화환을 보내지 않아 화를 내며 퇴사한 직원도 있었다. 작은 것이라도 직원에게 상처를 주었다면 소통과 화합에 실패한 것이고, 모든 책임은 사장의 몫이다. 바쁜 사람이니까 이해해줄 것으로 생각하면 오산이다. 결례나 무례를 저지른 후 시간이 지나면 잊힐 것이라는 착각도 금물이다.

좋은 리더란 무엇인가? 첫째, 카리스마 리더십과 따뜻한 리더십을 동시에 가져야 만점 사장이다. 사전을 보면 매력을 '사람의 마음을 사로잡아 끄는 힘'이라고 정의하고 있다. 누구나 매력적인 사람이라는 말을 들으면 기분이 좋아진다. 리더도 매력적인 사람이라는 말을 듣고 싶어 한다.

명절을 맞아 아들이 다녀갔다. 자기 회사 CEO는 청바지에 목도리까지 '스티브 잡스'를 따라 한다고 말했다. 외모와 목소리, 이미지도 매력의 요소다. 미소 띤 얼굴, 친화적인 성격과 책임감 삼박자를 갖춘 리더라면 최고의 리더라고 불릴 만하다. 아들 회사의 CEO도 매력적으로 보이고 싶어서 이미지 메이킹을 하는 것이다.

둘째, 화내지 않고 조곤조곤 설득하고 공감하는 사장이 되자. 큰 회사라면 모든 직원을 두루 살필 수 없다. 팀별로 나누어서 하되 전체가 하나처럼 뭉쳐지도록 하는 자기 회사만의 문화가 있어야 한다.

셋째, 지시나 통제보다 소통을 강화해야 한다. 새 시대의 리더는 달라야 한다. 직원들과 질문과 대답을 하는 인트라넷 같은 소통망을 갖추어야 한다. Q&A로 얻은 내용은 수용하든, 안 하든 간에 빠르게 피드백해주는 게 좋다. 빠르면 빠를수록 젊은 직원들에게 인기가 올라간다.

쿠팡플레이에서 제작해 인기를 끌고 있는 프로그램 《SNL 코리아 시즌 3》에 'MZ 오피스'라는 코너가 있다. 사회 초년생이 회사에서 겪는 내용이 소재다. 사회 초년생을 조롱한다는 평이 있지만, 공감한다는 시청자 의견도 많다. 회사 내에서 일어나는 갈등을 세대 탓만 해서는 안 된다. 리더는 세대 간 팀워크를 이루고 행복한 회사로 만들어야한다. 몇 편을 시청해봤다. 꼰대와 MZ세대가 같이 일하며 생기는 에피소드로 웃음을 주는 코미디 드라마다.

'라떼'라는 은어가 있다. '나 때는 안 그랬는데'라는 의미다. 세대별로 살아온 환경과 문화가 다르다. 더군다나 회사는 서로 다른 성향의 사람이 공존하는 공간이다. 이제 '라떼'라는 말은 꼰대를 칭하는 말이 되고 말았다.

개인주의 성향이 점점 강해지는 시대로 변화하고 있다. 신·구세대 사이에서 중심을 잡고 선도하는 리더가 되어야 한다. 리더십은 타고난 것이 아니다. 조직의 문화를 이해하고 소통하는 사람이라면 80점은 따 놓은 것이다. 목표를 세우고 현실로 만들기 위해 구성원들을 독려한다면 100점 리더가 될 소양이 있는 사람이다.

《타이탄의 도구들》에서 팀 페리스(Tim Ferriss)가 쓴 글을 인용한다.
"최고 중에서도 최고로 평가받는 사람들도 만나보니 별것 없었다. 단, 한 가지 규칙만 배우면 충분했다. 그들을 키운 팔 할은 이 한 가지였다. '성과를 내는 날을 그렇지 못한 날보다 많이 만들 것.' 그러니 세상을 너무 과대평가할 것도 아니고, 자신을 과소평가할 일도 아니다. 우리는 생각보다 뛰어나다. 그리고 무엇보다 혼자가 아니라는 사실이다."

리더는 혼자가 아니다. 팔로워가 있기 때문에 리더가 된 것이다. 팔로워들이 성과를 내는 날을 그렇지 못한 날보다 늘려갈 수 있도록 준비된 리더답게, 팀 페리스처럼 리드하라고 말해주고 싶다.

사장도
차별화가 필수

있을 때는 겸손하라. 그러나 없을 때는 당당하라.

이건희 회장

'임금님 귀는 당나귀 귀' 설화에 교훈이 있다. 높은 지위에 있을수록 질책을 귀담아들어야 한다는 것이다. 잠시 수치를 참지 못하고 귀를 닫으면 더 큰 화를 부른다. 정승은 큰 귀를 부끄러워하는 임금님에게 "귀가 큰 것이 어찌 흉이 되겠습니까?"라고 고한다. 다음 날 임금은 신하들을 불러 "앞으로 나는 이 커다란 귀로 백성들의 말에 더욱 귀를 기울일 것이오!"라고 말한다. 경청보다 좋은 소통 수단이 없다는 게 나의 생각이다.

사장이 철칙으로 삼아도 좋은 경영철학 몇 가지를 적어본다.

첫째, 경청이다. 사장의 귀를 당나귀 귀를 가진 임금님 귀로 바꾸어 생각하라. 잘 듣는 것보다 더 나은 소통 방법은 없다.

둘째, 탓하기를 멈추라. 남을 탓하는 사장은 직원들이 보기에도 꼴불견이다. 직원 실수 때문에, 경기가 좋지 않아서, 코로나 때문에 등 남 탓을 자주 하면 직원들이 불안해한다. 사장은 최종 책임자다. 하다못해 납품하는 날에 눈이 내리는 것도 날짜를 잘못 잡은 사장 책임이라고 인정해야 한다.

셋째, 권한을 주고 책임을 물어야 한다. 회사가 커지면 사장 혼자서 경영을 감당할 수 없다. 권한을 이양하고 일을 맡겨봐야 그 사람의 능력도 나아지고 회사도 발전한다. 사장이 북 치고 장구 치고 다 하면 능력 있는 사람들이 희망을 버리고 회사를 떠난다.

넷째, 사람에게 투자해야 한다. 1~2년 사업하고 말 게 아니라면 교육훈련비를 아끼지 마라. 자기계발의 기회를 주어라. 회사생활에 만족하게 만들어라. 주인의식이니 충성심이라는 말이 통하지 않는 시대가 오고 있다. 사장이 솔선수범해야 직원들도 투지를 키운다. '여러분이 사장이라는 마음자세로 회사생활에 임해 주세요'라며 사장 마인드를 요구하는 시대는 끝나가고 있다.

다섯째, 신상필벌(信賞必罰)이다. 종이로 된 상장을 주라는 이야기가 아니다. 형식적인 것보다 공감할 수 있는 이벤트를 하라는 말이다. 예를 들어, 덕담이나 인상적인 글을 손 편지로 주는 것은 2배의 효과가 있다. '칭찬은 고래도 춤추게 한다'라는 말이 있다. 나의 경우, 매달 합동 조회를 하는데, 상장을 주고 손뼉을 치던 관행을 버리고 칭찬하는 말과 현금을 주는 것으로 바꾸었다. 생일을 맞은 직원에게 치킨이나 커피 이모티콘을 주기도 한다. 미션을 수행하는 사람에게 햅쌀, 제철 과일, 감자나 고구마를 택배로 보내는 이벤트도 한다.

여섯째, 리스크에 대비해야 한다. 잘나갈 때 불황에 대비하라는 말이다. 코로나의 터널을 지나오면서 자금조달의 고비를 어렵게 넘어왔다. 준비금이 마련되지 않아 곤욕을 치렀다. 넉넉한 유동성은 사장과 직원들에게 든든한 믿음이 생기게 한다.

일곱째, 매출보다 수익이 먼저다. 우리나라 사람들은 순위 매기는 것을 좋아한다. 업계 몇 위, 매출이 얼마인지 따지면서 순위에서 뒤처지지 않으려고 무리한 경영을 하는 경우가 있다. 무리하게 양적 팽창을 추구하다가 질적으로 부실해질 수 있다. 유럽에는 100년 이상 된 장수기업이 많다. 이 회사들의 특징은 사업에서 외길을 걸었다는 것과 매출보다 수익으로 승부했다는 것이다.

《김밥 파는 CEO》, 《돈의 속성》의 저자 김승호 회장은 대학을 중퇴하고 미국으로 건너갔다. 식품점을 비롯해 일곱 번을 망하면서도 불굴의 의지로 다시 도전했다. 2005년, 단돈 6억 원에 식당 체인을 인수해 1조 원의 매출 기업으로 키워냈다. 사업자금이 거의 없었던 그는 6억 원의 투자금도 분할로 갚아나갔다. 무일푼의 이민자로서 인종차별, 문화의 차이를 극복해 성공의 아이콘이 되었다.

'사장학 강의'로 한국에 첫발을 내딛던 시기에 강의를 듣고 제자가 된 이후, 나도 그의 경영철학을 배우려고 애쓰고 있다. 자기관리에 철저했던 그와 나를 감히 비교할 수는 없다. 나는 현실을 탓하며 술독에 빠져 살아온 속물이었다. 사장이라면, 누구라도 절망을 겪고 난관에 부딪친다. 그 순간을 '어떻게 헤쳐 나오는가'는 중요한 문제다. 내 탓으로 여기고 고난을 헤쳐나가는 사람과 남 탓으로 돌리고 신세 한탄에 빠지는 사람. 그 둘의 결과는 천양지차, 즉 하늘과 땅 차이로 나타난다.

유학을 다녀온 재벌 2세가 어느 날 출근을 한다. 현장 지식은 없는데 아버지 뒷배를 믿고 사장에 버금가는 역할을 하려고 한다. 최근에 종영된 JTBC 드라마 〈대행사〉에 나오는 강한나(손나은 분)의 경우다. 내가 하는 업종에서도 사장 부인이 경리를 보는 회사가 많다. 갑질할 개연성이 높다. 진정으로 소통을 원한다면, 부인을 직원으로 고용하지 말라고 권하고 싶다. 앞에 나열한 일곱 가지 덕목을 잘 실천하는 좋은 사장이라고 할지라도 부인을 고용하거나 자식이 회사에 들어와 갑질하면 '십 년 공부 도로 아미타불'이 될 개연성이 높다.

사장은 욕먹기 쉬운 자리다. 월급은 '내가 주는 것'이라는 관점을 버려야 한다. 이런 마인드는 직원을 머슴으로 보던 구시대적 사고다. 직원 월급도, 내 급여와 배당도 고객이 주는 것이라는 관점으로 보면 겸손해지는 것은 물론, 모든 것이 다르게 보일 것이다.

4차 산업혁명 시대가 오고 있다. 많은 부분에서 인공지능이 노동력을 대체할 것으로 예상된다. 권위로 통제하던 조직관리 시대가 끝나가고 있다. 새로운 패러다임이 생겨나고 있는 것이다. 2016년, 다보스포 럼의 '일자리의 미래보고서'를 보면, 재미있는 내용이 있다. 초등학교에 입학하는 전 세계 7살 어린이 65%는 지금 존재하지 않는 새로운 직업 을 갖게 될 것이라고 전망한 것이다. 지금 부모들이 선망하는 직업이 성인이 되었을 때도 있으리라는 보장이 없다.

Zoom을 이용한 재택근무, 하이브리드 재택근무, 메타버스를 이용 한 가상공간 근무 등 근무 방법이 다양해지고 있다. 코로나 이후 사무 실에서 근무하는 예전 방식으로 돌아간 기업도 많지만, '직방'이라는 부동산 플랫폼 회사는 코로나 이후 오프라인 출근을 전면 폐지했다. 사무실을 없애고 거점 오피스 형태로 만든 '직방 라운지'만 운영한다. 코로나는 직장인의 근무 패러다임도 다양하게 바꾸었다.

세상이 변해가는 속도를 따라가기 어렵다. 디지털에 대한 이해도 떨 어진다. 나는 진보하는 컴퓨터 기술에 대한 차별화된 능력을 갖추기 어려운 나이가 되었다. 하지만 오랜 경험을 통해 얻은 위기관리 능력 과 사람들과의 공감 능력은 젊은 세대보다 뒤지지 않을 자신이 있다. 잘하는 것을 차별화하면 된다. 노련하고 성숙한 경영자로 차별화가 가능하다.

사장은 회사라는 배의 선장이자 항해사다. 항로를 선택하고 바다를 건너 싣고 온 짐을 고객에게 전달하는 사람, 이것이 사장의 역할이다.

작은 습관이
큰 사장을 만든다

게으름을 고질병처럼 달고 살아왔다. 어렸을 때는 어머니가 아침에 깨우면 조금이라도 더 자고 싶었다. 서울에서 학교 다니는 형이 주말에 내려오거나 군대 간 형이 휴가를 나온다. 그럼 어머니는 어린 나를 억지로 잠에서 깨워 돼지고기 한 근을 사 오라고 했다. 읍내까지 왕복 1시간을 걸어 정육점에 다녀와야 했다. 발목까지 눈이 쌓인 날, 칼바람 추위와 싸우며 다녀오는 심부름은 귀찮고 짜증 나는 일이었다. 막내라고 심부름을 도맡아 시키는 어머니가 원망스러웠다. 먹을 때는 즐거웠지만, 심부름하러 다녀오는 일은 귀찮았다. 게으름뱅이였다.

앉은 자세에서 발뒤꿈치를 들고 한쪽 다리를 떠는 습관이 있었다. 형은 정서가 불안해 보인다며 상대에게 약점을 노출하지 말라고 충고 했다. 손톱 옆의 살을 이빨로 뜯는 습관도 있었다. 초조하다는 신호였다. 30대 중반이 되어서야 없어진 쓸데없는 습관이었다. 생소한 자리에 가면 몇 분간 주변을 살피며 어색해했다. 40살이 되어서야 이런 긴장감을 없앨 수 있었다.

지금까지 남아 있는 나만의 습관을 적어본다.

첫째, 공상을 많이 한다. 이것저것 잡생각이 많다. 잠을 자면서도 꿈을 많이 꾼다. 현실에서 절대로 일어나지 않을 일이 꿈속에서 실감 나게 일어난다. 대부분 비현실적인 헛된 공상이지만, 창의성을 높이는 데는 효과가 있다고 생각한다.

둘째, 메모하는 습관이다. 끝낸 일을 하나씩 지운다. 메모지가 지저분해지면 새 종이에 다시 적어서 지갑에 넣고 다닌다. 요즘에는 핸드폰 애플리케이션을 이용하지만, 몇 년 전까지 작은 종이에 메모했다. 메모하는 습관은 약속을 잊거나 일정이 겹치지 않게 해준다.

셋째, 돌직구 스타일로 말한다. 상대가 기분 나쁠 수도 있지만, 속에 담아두지 못하고 거침없이 이야기한다. 도움이 되기도, 방해가 되기도 한다. 이러한 표현법은 신중하지 못한 경우가 많았다. 조급한 성격 탓에 손해를 본 적도 많았다. 반대로 시원시원하다는 평으로 만만치 않은 협상을 단숨에 처리한 적도 있었다. 이런 태도나 습관은 좋다, 나쁘다 평가하기 힘들다.

넷째, 상대방과 면담할 때 눈을 보고 말한다. 눈을 보면서 상대의 말을 들어주면 상대방도 주의 깊게 내 말을 듣는다. 유대감이 생긴다. 내 눈을 피하는 사람과는 거래하지 않는다. 개인적인 판단이지만, 숨은 의도를 가진 사기꾼이라고 여긴다.

상대의 인생 이야기를 기억하려고 노력한다. 예를 들어, 어린 시절 이야기나 출신학교 등을 기억해둔다. 다음에 만났을 때, 기억해둔 말을 꺼내면 자기의 소소한 일에도 관심을 갖는 사람이라고 호의를 가진다. 눈을 맞추고 대화를 하는 습관은 상대의 호감을 살 수 있는 좋은 방법이다.

다섯째, 욕을 잘한다. O새끼, 시O이라는 욕을 입에 달고 살아왔다. 욕을 하면 일시적으로는 시원한 감이 있지만 시간이 지나면 좀스럽고, 유치하게 느껴진다. 나이가 들어가면서 욕을 하지 않으려고 하지만 가끔, 화가 치밀면 나도 모르게 'O 같은 놈'이라는 욕이 튀어나온다. 많이 줄었어도 아직도 남아 있는 나쁜 습관이다.

매년, 새해를 맞이하면 새로운 목표를 세운다. 올해는 책을 출간하는 것과 소설을 습작하려는 목표를 세웠다. 회사 매출을 코로나 이전으로 회복하려는 계획도 가지고 있다. 그리고 소소한 일상의 목표도 세웠다.

첫째, 잠을 줄이려고 했다. 7시간만 자려고 했는데, 이게 만만치 않았다. 중독자로 살던 시절에는 불면에 시달렸다. 술 없이 잠들 수 없다고 핑계를 댔다. 술을 마시지 않고 살아보니 술과 잠은 아무 관련이 없었다. 잠이 늘어서 탈이고, 자야겠다고 마음먹으면 쉽게 잠들 수 있었다. 잠자는 시간을 조금 줄여보려는 작은 습관 하나도 고치기 쉽지 않다는 것을 절감하고 있다.

둘째, 일기를 쓰겠다고 작심했지만 한 달을 버티지 못하고 흐지부지되고 말았다. 블로그에 포스팅하는 것조차 귀찮아한다. 책에 넣을 글을 쓰는 데만 관심이 집중되어 있다. 일기나 블로그를 통해 글 쓰는 실력을 배양하려고 하지만, 한 가지에 꽂히면 다른 것을 보지 않는다. 책을 완성해야겠다는 목표가 훨씬 중요한 일이라고 생각하다 보니 일기 쓰기를 하찮게 여긴다. 이렇게 습관 하나를 없애기도, 새로 만들기도 쉽지 않았다.

앞에서 사장의 마음에 대한 글을 쓰면서 이미 척하기, 탓하기, 잣대와 비교 등 나쁜 습관을 밝힌 바 있다. 작은 습관이라도 바꾸거나 버리면 삶의 패턴을 바꿀 수 있다. 긍정적이고 능동적으로 삶을 재설계할 수 있다. 습관의 힘은 인생을 좌우할 만큼 크다.

상상하는 습관, 메모하는 습관, 눈을 보고 대화하는 습관 세 가지는 사업을 하면서 좋은 작용을 했다. 당신도 다른 사람과 차별화된 좋은 습관이 있을 것이다. 삶과 사업에 도움이 되는 습관은 유지하고, 나쁜 습관은 빨리 버리는 게 좋다.

사람들과의 좋은 관계가 사장의 재산이고 인프라다. 사람들과 관계를 증진하는 것은 사장에게 무척 중요하다. 당신이 제조업체의 사장이라면 사람들이 당신 제품을 기분 좋게 소비하도록 만들어야 한다. 사업에서 번영하는 지름길은 소비자의 마음을 알고 접점을 찾아가는 것이다. 사람의 마음을 읽고 관계하는 사장의 능력은 기본 중에서 기본이다. 작은 것이라도 장점이 될 수 있는 습관이라면 '계승발전' 시키고 자기만의 콘셉트로 만드는 사장이 되길 바라본다.

능력과 열의도 중요하지만, 성공의 열쇠는 사고방식에 달려 있다. 사고방식은 어릴 때부터 익혀온 작은 습관과 떼려야 뗄 수 없는 관계다. 부모한테서 들었던 칭찬 한마디, 좋은 습관 몇 가지가 그 사람의 사고방식과 행동패턴을 만든다. 사고방식이 제대로 된 사람들은 그것이 원동력이 되어 큰 성공을 거둔다. 인터넷에는 이런 셀럽들의 이야기가 넘쳐난다. 습관과 사고방식은 불가분의 관계다. 작은 습관 하나가 사고방식을 바꾸고, 성공의 열쇠를 만들 수 있는 것이다. 작은 습관도 하찮게 보지 않는 마음가짐을 가져야 한다.

그들을
주인공으로 만들어라

지도자는 희망을 파는 상인이다.

나폴레옹 보나파르트(Napoléon Bonaparte)

기업의 보스와 믿었던 최측근 간의 불편한 결별사례를 소개하려고 한다. 이명박은 25살에 현대건설에 입사해 20대에 이사, 35살에 CEO에 올랐다. 40대에는 회장 자리에 오르며 직장인의 신화를 써 내려갔다. 정치인이 아닌 기업인으로서의 그를 재조명해보자. 당시에는 대부분의 기업이 보수적인 연공서열 중심의 인사시스템을 가지고 있었다. 그는 어떻게 초고속으로 승진할 수 있었을까? 그는 문과 출신임에도 불구하고 현장 근무를 자원했고, 경부고속도로 현장에 과장으로 배치되었다. 그는 현장에서 밀어붙이기식 정주영 스타일을 똑같이 따라 했다. '리틀 정주영'이라는 별명을 얻을 정도였고 주인의식으로 똘똘 뭉쳐 있었다. 그가 회사에 바친 충성심은 남달랐다.

나중에 정치인이 된 이후, 아이러니하게도 "회사에서 나는 사장급 사원에 불과했었다"라고 말했다. 정주영은 아들들에게 그룹을 물려주었고, 동생들에게 한라그룹, KCC, 현대성우, HDC현대산업개발 등을 나누어주었다. 하지만 이인자였던 전문경영인 이명박은 급여 외에 아무것도 받을 수 없었다. 그는 피를 나눈 사이가 아니면 일인자가 될 수 없다는 허탈한 마음이 들었을 것이다. 그래서 주인을 배신하고 정계로 나선 것은 아닐까. 정주영이 대통령에 출마할 때, 일부러 반대편 정당으로 들어가 배신자의 굴레를 쓴 것은 아닐까.

정치적 평가를 할 식견은 없다. 하지만 자기가 한 일에 비하면 보스의 보답이 섭섭하다고 생각했을 것이다. 이들의 결별 과정을 살펴보면 사람을 키우고 관리하는 것이 얼마나 어려운지 짐작할 수 있다.

속 좁은 마음은 나도 마찬가지였다. 2002년, 창업 당시 고용했던 2명의 여직원에게 창업 공신이라고 말만 했지, 지분을 주지 않았다. 2017년 회사 소속 직원을 꼬드겨서 창업한 서울 본부장에게도 큰 권한을 위임하지 않았다. 대표이사로 임명한 사람들도 말로만 공동대표라고 칭했을 뿐, 지분을 주지 않았다. 위임한 권한도 범위가 제한된 수준이었다. 경찰조사를 받거나 재판에 출석하는 궂은일을 감당하도록 하고 야박하게 대우했다. '회사는 내 것'이라는 생각을 내려놓지 못했다.

하늘의 저주를 받은 것일까? 그렇게 아끼던 회사 지분은 휴지쪼가리가 되고 말았다. 지금, 전 회사가 청산절차를 밟고 있다. 매출 4,000

억 원, 보험설계사 8,000명, 임직원 700명이 넘었던 회사가 해체 수순을 밟고 있다. 8%를 보유한 내 지분의 주식 가치는 1원도 되지 않는다. 공동 운영하던 사업부 몇 군데에서 일어난 금전 사고와 금감원, 국세청 감사에서 받은 과징금처분을 견뎌내지 못하고 중견기업 하나가 망하게 된 것이다. 나는 오히려 지분이 있다는 이유로 회사가 감당해야 할 손해배상책임을 공동으로 물어내야 할 일만 남았다.

재작년, 두 번 입원했다. 내가 없어도 회사가 잘 굴러갈지 궁금했지만, 별문제가 생기지 않았다. 진행하던 소송도, 자금난도 어렵지만 헤쳐나갔다. 내가 자리를 비워도 문제가 생기지 않는 것을 보고 놀랐다. 내가 잘나서 회사가 굴러가고 흑자가 난다고 생각했었다. 나 때문에 회사 직원들이 먹고살고, 그들의 가족도 나 때문에 사는 것이라고 생각했었다. 교만한 구시대 마인드를 가진 사장이었다.

작년 5월, 선문답식 질문에 답을 주는 명상 코스에 다녀온 적이 있다. 당시, 나는 회사 살림을 도맡아 하던 공동대표이사가 변심했다고 생각하고 있었다. 내가 새롭게 경영 컨설팅 사업에 뛰어들려고 하자 측근인 공동대표도 따로 법인을 설립해 이 사업을 시작하려고 했다. 그도 나처럼 큰돈을 벌 수 있는 사업이라고 판단한 모양이었다. 혹여, 본인이 오더를 받은 일감이 있으면, 내 회사에서 컨설팅을 제공하면 될 일이었다. 컨설팅을 의뢰한 사람에게 받는 커미션 전부를 가져가도 아깝지 않은 심복이었지만 다른 마음을 먹었다고 생각했다.

몇 년 전, 서울 본부장이 나를 배신해 회사를 차린 경우와 흡사하다고 오해하기 시작했다. 오해의 씨앗은 점점 커져 큰 근심거리가 되었다. 인도의 활불(活佛) '파파지(슈리 푼자)'로부터 한국의 붓다로 칭송받은 김병채 선생의 조언을 구하고자 명상코스에 참여했다. 선생과 나누었던 선문답 일부를 인용한다.

"선생님! 믿었던 사람이 욕심을 부립니다. 제 반경 안에 있기를 원하는데 독립하려고 합니다. 속물이라 그런지 분노하는 마음이 생깁니다."

"요즘, 그 사람을 어떻게 대하나요?"

"티를 내지 않으려고 하지만 자꾸 외면하게 됩니다."

"외면하는 것은 비겁하지 않나요? 당신이 죄를 짓지 않았는데 왜 외면할까요?"

"최고로 대우해준 게 억울합니다. 대우받을 만큼 충분한 사람이라고 생각했습니다. 그런데 이번에 보니 나를 보스로 인정하지 않는 것 같아 화가 납니다."

"나도 억울할 때가 있어요. 모기도 억울합니다. 사람이 손뼉을 치며 잡으면 모기의 목숨이 사라지잖아요? 억울하다는 것은 마음이 만들어낸 허상에 불과합니다. '그 사람 때문에 열기가 솟는다. 용솟음친다. 활기차게 만들어준다. 내게 기회가 늘어난다' 이렇게 받아들이세요. 어떤 어려움도 직면하세요. 오히려 모든 어려움을 한꺼번에 오라고 환영하세요. 전생에 지은 죗값을 받으러 오는 거라고 생각하세요. 오는 어려움은 누구도 피할 수 없습니다. 잠시 모면할 수 있을 뿐이지요. 웰컴

하고 모든 것을 받아들이세요."

선생의 조언을 듣고 욕심부리는 나를 봤다. 그를 내 마음대로 할 수 있다는 오만함이 내면에 있다는 것을 알아차리게 되었다.

"지금을 충실히 살면 된다. 큰 파도든, 작은 파도든 밀려왔다가 육지에 닿으면 금방 흩어지고 만다. 파도가 흩어지면 물만 남는다. 지금 일어나는 일도 시간이 지나고 나면 파도처럼 흩어진 과거일 뿐이다."

선생께서 주신 지혜를 다 적을 수는 없지만, 선문답을 하고 나면 마음이 후련해지고 통찰을 얻게 되었다.

"강은 바다로 갈 때 주저하지 않는다. 그냥 돌진한다. 하지만 사람의 마음은 주저할 때가 많다. 꽃은 누가 꺾든 말든, 의사 표현을 하지 않는다. 사람은 누가 자기를 건드리면 자기식으로 의사를 표현한다. 타인의 생각을 무시하고 자기 뜻을 우선해서 주장한다. 자기 마음을 자기 멋대로 만든다."

이 말도 선생이 선문답 중에 한 말이다.

주인공으로 만들어 회사를 물려주어도 좋을 만한 사람이었다. 사기를 당하고 배신을 당하다 보니 그마저 나를 버리고 떠날까 봐 두려웠는지도 모른다. 시간이 지나 오해는 풀렸지만, 그에게 마음의 상처를 주었다. 사장은 직원들을 빛나게 만드는 존재다. 자기만 빛나려고 하면 믿고 따르는 직원이 없어진다.

한 사람의 지혜만으로 사업에서 성공하는 법은 없다. 다른 사람의 지혜를 모아야 한다. 사업에서 지혜를 보탤 사람은 많을수록 좋다. 주인공이라고 부를 만한 직원이 있는가? 단, 한 명이라도 당신과 똑같은 주인공을 만들어야 한다. 당신의 아바타는 아니지만, 회사에서 당신만큼 빛나도록 만들어라. 쉽지 않겠지만, 당신처럼 회사가 자기 것이라고 생각하는 오너십을 갖도록 하라. 그러면, 회사는 2배로 성장할 것이다.

누군가의
멘토가 되라

나의 학습을 방해하는 유일한 훼방꾼은 내가 받은 교육이다.

알버트 아인슈타인

"나는 너를 친구로 생각했는데, 너는 나를 경쟁자로 여겼구나."

32년 전, 회사에 다닐 때 술자리에서 입사 동기에게 쏘아붙인 말이었다. 잠깐이었지만 동기 한 명과 자취를 했다. 부동산에 투자해서 돈이 없다며 몇 달만 나에게 얹혀살자고 했다. 그즈음, 승진시험을 봤고 나는 가볍게 시험에 통과했다. 동기는 좋은 대학 출신이지만 시험에 떨어졌다. 취중진담인지 그가 술주정을 했다. 얹혀사느라 눈치가 보여 공부를 제대로 못 했다며 횡설수설했다. 사실, 나는 독서실에서 잠을 자며 공부했기 때문에 빨래를 하러 가끔 들른 일 말고는 집에 들어간 적이 거의 없었다. 시험 떨어진 화풀이라지만, 공짜로 방을 제공한 나에게 왜 화살을 겨누는지 도무지 알 수 없었다. 선의를 베풀어도 결과가 나쁘면 오히려 원망하는 사람들이 있다는 것을 알게 되었다.

나와 비슷한 시기에 사업을 시작한 사람들이 시장에서 도태되었다. 살아남았으니 경쟁에서 이긴 것이라고 자랑했다. 2017년부터 도산 위기를 겪으며 자만심은 사라졌다. 여기저기 돈을 빌려야 했고 돌려 막기의 달인이 되었다. 사기 때문이라고 하소연했다. 핑계를 일삼고 회사 일과 담을 쌓았다. 재판에 나가거나 수사기관에 출석하는 일을 다른 사람에게 시키고 신세를 한탄하며 술독에 빠졌다. 명상 코스를 찾아 분노의 마음을 다스리고 중독에서 벗어나려고 노력했다. 욕심과 화를 다스리는 데 마음공부는 큰 도움이 되었다. 술에서 벗어나 본정신으로 돌아오게 하는 데 결정적으로 도움을 준 영적 그루(멘토)를 만나게 되었다.

2018년 1월, 아내의 손에 이끌려 김승호 회장의 '사장학 강의'를 들었다. 기수별로 200명씩 수천 명의 제자들이 생겨났다. 그는 고국에 돌아와 사업가, 강사, 작가 그리고 사장들의 멘토로 연착륙하는 데 성공했다. 강의의 주제였던 '장사를 할 것인가? 사업을 할 것인가?'와 '창업 공신의 반란'은 당시의 내 처지를 그대로 반영한 내용이었다. 내가 사업가보다는 장사꾼에 가까운 근시안적인 마인드를 가지고 있다는 것을 알게 되었다. 사업이 어느 궤도에 오를 때, 창업 공신의 반란이 일어나는 경우가 다반사라는 것도 알게 되었다.

지친 사장에게 안정제를 주는 사람, 새롭게 용기를 북돋아주는 김승호 회장에게 매료되었다. 그는 이국땅에서 많은 차별과 문화의 차이를 딛고 7전 8기로 재기한 불굴의 아이콘이었다. 내 마음속 우상이 되었다.

멘토로 삼은 다른 사람도 있다. 작년 2월 글쓰기에 입문했다. 당시, 나는 알코올중독이라는 굴레에서 벗어나기 위해 다른 대체중독거리가 필요했다. '이은대의 자이언트 북 컨설팅'이라는 강좌에 입문해 글쓰기 수업을 들었다. 그도 알코올중독자 출신이었다. 게다가 사업에서 파산을 겪었고, 그로 인해 감옥에 다녀오기도 했다. 막노동을 하면서 어렵게 글쓰기를 익혔고, 여러 권의 책을 낸 작가이자 명강사가 되었다. 그는 나의 인생보다 훨씬 더 파란만장한 과거를 가지고 있었다. 그의 기적 같은 인간승리 스토리에 감동했다. 무에서 유를 만들어 한 분야에서 최고의 자리에 오른 그를 존경하게 되었다.

가짜가 판을 치는 세상이다. 코로나를 겪으며 온라인 시장이 크게 성장했다. 온라인을 통해 전문가라고 포장하는 가짜 강사들이 많아 누가 진짜인지 분간하기 어렵다. 지라시라고 불리는 가짜 뉴스도 판친다. 대통령선거에서 두 번이나 근소하게 패한 이회창은 병역 비리 가짜 제보의 피해자다. 대통령이라는 자리를 송두리째 빼앗긴 것이다. 역사를 살펴보면 간신의 거짓말 때문에 세상이 왜곡된 사례가 많다. 인수합병, 기술제휴 등 가짜산업 뉴스도 있고, '아니면 말고'의 추측성 언론보도도 많다. 악성루머에 시달리던 연예인이 안타깝게도 스스로 죽음을 택하기도 한다.

사업에서도 가짜들이 있다. 매출이 얼마고, 어떤 특허를 가졌고 등등 허풍 떠는 사람이 있다. 사기꾼은 가짜다. 무슨 사업이 유망하다는 둥 현혹하는 사람들을 주의해야 한다. 사업이 흥하면 똥파리들이 꼬여 들기 마련이다.

다른 사람을 멘토를 삼는 것은 쉽지만, 누군가의 멘토가 되는 것은 어려운 일이다. 사람됨은 기본이고 남다른 식견이 있어야 한다. 경험과 저서 등 결과물이 있어야 사람들이 믿고 따른다. 반드시 정당한 방법으로 이루어낸 성공이어야 한다. 역경을 이겨낸 스토리가 있고 성공의 과정이 드라마틱하면 더욱 존경심이 우러날 것이다.

만약, 누가 나에게 가장 하고 싶은 일이 뭐냐고 묻는다면 누군가를 도울 수 있는 멘토라고 답할 것이다. 나이를 먹으니 조금씩 욕심이 잦아들고 나의 살아온 흔적을 세상에 남기는 일에 관심이 가기 때문이다.

성공을 했다고 해서 반드시 누군가의 멘토가 될 필요는 없다. 하지만 노하우를 나누고 선한 영향력을 펼치고 싶으면 하는 것이 좋다. 멘토는 다른 사람으로부터 손가락질받을 일을 하지 않아야 하고 당당해야 한다. 자기 일에서 정도를 걷는 사람이어야 하고 열정과 노하우가 있어야 한다. 자기 분야에서 차별화되는 사람만이 멘토가 될 수 있다.

요즘에는 멘토라는 말을 쉽게 접할 수 있다. 기업도 선배와 후배를 잇는 '멘토링 시스템'을 도입하는 회사가 늘고 있다. 창업 멘토링이나 청소년 멘토링을 하는 프로그램도 다양해지고 있다. 회사를 경영하는 사장이 직원들에게 멘토가 되어주는 것도 좋은 방법이다. 업무적으로 위계질서만 잡는 리더보다 닮고 싶은 리더가 바람직하지 않을까? 사장이 멘토가 되기 위한 방법을 정리해본다.

첫째, 시키기만 할 것이 아니라 솔선수범해야 한다. 뒷짐 지고 말만 하는 사장을 좋아하는 직원은 없다. 자기 책상을 닦거나 책장에 쌓인 먼지, 창틀 먼지를 닦는 일은 얼마든지 할 수 있다.

둘째, 직원들과 사적인 이야기를 편하게 나누는 것도 좋은 방법이다. 회사 일 말고 개인사나 집안 이야기를 열린 마음으로 나누면 유대감이 높아진다. 사장이 먼저 본보기가 되는 행동을 하면 에너지가 사방으로 퍼져나간다. 사장을 멘토라고 생각하는 직원이 늘면 서로 신뢰하는 풍토가 만들어질 것이다. 그 효과는 회사로 넉넉하게 되돌아올 것이다.

《사람이 선물이다》의 저자이자 MBC에서 뉴스 앵커와 사장을 지내고 난 후 목사가 된 조정민 작가는 말한다.

"아무리 뛰어난 선수에게도 코치가 있다. 아무리 위대한 사람에게도 멘토가 있다. 그들은 내가 듣고 싶지 않은 말을 들려주고, 보고 싶지 않은 모습을 보여주고, 내가 원치 않는 일을 하게 한다."

결국 키워드는
현장이다

고객으로부터, 동료로부터, 협력회사로부터
생생한 목소리를 들으려면 현장으로 달려가라.

신격호 회장

1996년 4월, 부산사업부의 과장으로 발령이 났다. 본사에서 무소불위의 권력을 휘두르다가 좌천되었다. 발령에 불만을 품고 퇴사를 고민했다. 아내와도 상의했다. 8년 동안 회사생활을 했지만 모아놓은 돈이 별로 없었다. 사업을 시작하기에는 준비된 게 거의 없었다. 3살, 2살된 아이들의 잠든 모습을 보며 사표 내겠다는 마음을 접어야 했다. 원하지 않았지만 영업현장의 중간관리자가 되었다. 작은 일부터 큰일까지 영업사원들과 몸소 부대끼는 자리였다.

당시, 지점으로 발령받지 않았더라면 지금, 어떤 삶을 살고 있을까? 본사에서 인사권을 휘두르며 건방을 떨다가 회사가 M&A되었을 때 다른 회사에 취업하지 않았을까? 아마 사업은커녕 평범한 회사원으로 살고 있을 것이다. 지금 생각해보면 그때 필드에 나가 현장 감각을 익힌 것이 장래의 삶을 보장하는 경험이었다. 이 경력을 바탕으로 회사가 M&A되었을 때 사업을 시작할 수 있었다.

달갑지 않은 마음으로 부산행 야간열차를 탔던 기억이 지금도 생생하다. 포장이사로 이삿짐이 먼저 출발했다. 회사에서 위탁받은 이사업체가 이사를 도맡아 해주었다. 새마을호 열차표 두 장을 끊어 열차에 올랐다. 아내와 아이 한 명씩을 품에 안았다. 새벽 4시경 부산역에 도착했다. 7시에 이삿짐이 도착하기로 약속되어 있었다. 택시를 타고 전세 계약한 아파트에 도착했다. 오랫동안 빈집이었는지 온기가 없고 냉랭했다. 살던 사람이 도시가스를 끊고 이사 간 모양이었다. 4월이라 새벽날씨가 꽤 추운데 난방이 되지 않았다. 아내와 함께 속옷만 빼고 모두 벗었다. 짐이 도착하지 않아 입은 옷 외에 아이들을 보온해줄 방법이 없었다. 잠든 두 아이를 아내와 내 옷으로 돌돌 말았다. 아내와 벌거벗고 오돌오돌 떨다 보니 처량한 생각이 들었다. 지방으로 버려진 신세라는 꼬리표까지 덧붙여졌다. 러닝셔츠와 팬티만 입고 추위에 떨고 있는 현실이 한탄스러웠다.

지점 직원에게 집을 계약하라고 위임해 처음 와본 집이었다. 회사가 임차보증금을 지원해주는 사택이라 집을 고르는 데 큰 관심을 두지 않았다. 몇 년 살다가 서울 본사로 올라갈 것이니 깨끗한 집으로 골라달라고 부탁했다. 5시가 넘어가고 있었다. 날이 새면서 베란다 창문이 푸른빛으로 변하고 있었다. 아내와 베란다로 나갔다. 창문을 내다보니 바로 아래 2차선 도로가 있고 도로 너머가 온통 바다였다. 창문 밖으로 보이는 경치가 그림처럼 아름다웠다. 곧이어 해가 떠올랐다. 일출 광경은 장관이었고 경이로웠다. 여러 번 일출을 봐왔지만, 이날의 일출 광경은 평생 잊지 못할 최고의 감동이었다.

다음 해, 사업본부 팀장이 되었다. 부산 지역 말고도 울산, 마산, 대구, 안동, 포항 지역에 사업부가 있고, 우리 본부 소속으로 80개의 지점이 있었다. 사람들과 관계하고 소통하면서 그들의 가려운 부분을 긁어주고 지원하는 것이 주된 임무였다. 이 일은 회사 일은 물론, 인간적인 면에서도 성장할 수 있는 계기가 되었다. 1년 후, 강원도의 최고 책임자가 되었고 2002년 퇴직했다. 부산으로 발령받은 때부터 6년의 현장 경험은 사업을 시작할 수 있는 밑거름이 되었다.

얼마 전, 회사에 다니는 아들에게 자원해서 현장으로 나가 근무해 보라고 권했다. 조언 때문인지 아들은 1년에 몇 차례 폴란드에 있는 공장에 출장을 간다. 생산직이나 영업직 사람들의 고충을 알아야 살아서 펄떡거리는 정책을 세울 수 있기에 현장 출장은 아들에게 좋은 기회라고 생각하고 있다.

현장을 발로 뛰며 성공 신화를 쓴 사장의 스토리가 널려 있다. 현장 감각은 경영인이라면 이유 불문하고 갖추어야 할 기본 덕목이다. 본사에 근무하는 사람 중에 현장에 방문하지도 않고 다 아는 것처럼 이야기하고, 현장을 이해한다고 말하는 사람이 있다. 이런 사람들이 계획과 개선방안을 수립하면 제대로 된 해법이 나올 리 없다. '책상물림', '탁상공론'이 되고 만다. 현장에 대한 이해가 없는 인사, 기획, 마케팅 계획은 부실해질 우려가 크다.

내가 지방 근무를 하던 1990년대, 우리 회사에는 현장을 우습게 생각하는 사람이 많았다. 내가 본사에 있었어도 아마 그런 마인드로 일했을 것이다. 물론, 똑똑하지 못해 지방으로 좌천되는 경우도 있었다. 임원의 밧줄을 잡지 못해 밀려나는 일도 있었다. 하지만 당시 무조건 지점직원을 깔보는 사람들이 많았다. 현장에서 처한 어려운 문제를 도와주기보다 큰마음 먹고 승인해주는 것처럼 공치사하는 본사 직원이 많았다.

앞에서 이미 거론한 스토리지만 적합한 예라 다시 간단히 말하려고 한다. 퀵 서비스 배송업체에 대금결제를 한 달에 한 번 몰아서 한다. 그것도 퀵 업체가 우리 법인카드 번호를 알고 일방적으로 결제한다. 최근 직원이 퇴직해 경상비 처리를 내가 직접 하게 되었는데, 업체의 배송 내역을 받지도 않고 업체 마음대로 카드를 긁어왔다는 사실을 알게 되었다. 업체에 요청해 몇 년 치 배송 내역을 메일로 받았다. 정확하게 결제한 것을 확인했지만, 배송 내역을 안 받은 것은 명백한 업무 오류였다. 매월 100만 원이 넘는 비용이 상대 업체의 마음대로 결제되어 온 것이다. 어이가 없었지만 퇴직한 직원을 나무랄 수도 없었다.

자기 돈이 아니면 무관심하기 쉽다. 하지만 회사경비를 담당하는 직원이라면 청구 과정, 결제 과정이 정확한지 확인해야 한다. 사장이 작은 일까지 일일이 챙길 수는 없다. 복사지를 사고 커피를 사는 소소한 것까지 확인하고 체크하면 쩨쩨한 사장으로 보일 것이다.

사무실에 찾아와 고성을 지르는 사람, 술에 취해 삽을 들고 나를 죽이겠다고 찾아온 사람 등 사업하는 동안 현장에서 많은 에피소드가 있었다. 21년간의 사업 현장에서 일어난 일을 일일이 논할 수는 없다. 사장은 회사에서 일어나는 모든 일에 관여되어 있다. 사장이 최종 책임자라는 마음을 갖지 않고 일하면 실무를 하는 직원들이 불안해한다. 자기들에게 책임이 전가되지 않을까 봐 걱정한다면 적극적으로 일을 해내기 어렵다. 만약, 직원들이 소극적인 자세로 일을 한다면 사업은 후퇴할 수밖에 없다.

사업을 하면서 부침이 있었다. 호황도, 불황도 겪었다. 분에 넘치게 돈을 벌어봤고, 돈을 빌리러 다니기도 했다. 고용하느라 분주할 때도 있었고, 구조조정의 칼날을 휘두르기도 했다. 사기를 당해 사기꾼을 구속시키려고 동분서주하기도 했다. 코로나 때는 현상 유지만 할 수 있게 해달라고 하늘에 빌었다. 이렇게 21년이 지나갔다.

영업사원들과 애환을 같이해왔다. 고객의 민원을 받으면 대처하느라 직원들과 머리를 맞대었다. 누구의 일이든지 회사에서 생긴 일이면 직접 발로 뛰며 해결했다. 사장은 팔색조와 같아야 한다. 버팀목 같은 역할을 해야 하기도 하고, 어떨 때는 가족처럼 따뜻한 마음으로 대해야 한다. 사장은 아버지이자 엄마 같은 사람, 그리고 친구까지 다양한 성격을 겸비해야 한다.

일본 맥도널드의 후지다 덴(藤田 田) 사장에게 취미를 물었더니 매장 방문이라고 대답했다는 기사를 접한 적이 있다. 현장을 우선시하는 사장은 서류에 결재만 하는 사장보다 반드시 큰 아웃풋을 얻게 될 것이다.

더 큰 사장이 되라

20년 후, 당신은 했던 일보다 하지 않았던 일로 인해 실망할 것이다.
돛 줄을 던져라. 안전한 항구를 떠나 항해하라. 당신의 돛에
무역풍을 가득 담아라. 탐험하라. 꿈꾸라. 발견하라.

마크 트웨인

    사는 게 팍팍하다는 말을 입에 달고 사는 사람이 많다. 사장들도 원가가 올랐다고 하소연을 한다. 신문과 TV 뉴스에서도 경기가 나쁘다는 소식을 전한다. 위축된 소비심리는 생산을 줄게 하고, 경제 전반에 악영향을 끼친다. 언론도 금리 인상, 물가 상승, 수출입, 그리고 환율 문제 등 나쁜 소식부터 자극적으로 퍼트린다.

    경기가 나빠 매출이 줄었다고 줄어든 비율만큼 경비를 바로 줄일 수는 없다. 그래서 사업이 잘나갈 때, 잉여금을 유보해 대비하라고 하는 것이다. 나 역시 잉여재원이 있어도 비축해두지 않았다. 재투자해서 수익을 늘리려고 욕심을 부렸다. 투자가 여의치 않을 때 기존 빚을 서둘러 갚은 것은 그나마 다행이었다. 나중에 자금난을 겪을 때, 많은 빚

이 남아 있었더라면 더욱 견뎌내기 힘들었을 것이다.

사업을 하면서 중·장기적으로 유지해도 되는 채무라면 계획을 세워 진득하게 갚는 게 좋다. 나처럼 빚이 있다고 불안해하면서 돈이 생기면 금세 갚았다가 다시 빌리는 일은 하지 말아야 한다. 반드시 알아야 할 기본적인 대출제도 활용법조차 잘 몰랐던 것이다.

개인도, 회사도 그리고 국가도 라이프 사이클이 있다. 성장기, 안정기를 거치면 후퇴하는 시간이 온다. 쇠퇴기를 될 수 있으면 짧게 보내고, 다시 성장기의 사이클로 올라탈 수 있게 회사를 잘 운전해야 한다. 오랫동안 무사고로 운전한 택시 운전자에게 '모범운전자'라는 칭호를 붙여주듯, 장수기업의 사장에게 '모범사장'이라고 불러주면 어떨까 하는 생각이 든다.

슈퍼리치 김승호 회장의 저서 중에 《생각의 비밀》이라는 책이 있다. 사장에게 도움이 되는 주옥같은 내용이 많다. 이 책에 '성공한 사람과 크게 성공한 사람의 차이점 열세 가지'라는 글이 있다. 인상 깊었던 다섯 가지를 인용하면서 나의 경험을 덧붙여 설명하고자 한다.

첫째, 처음 성공을 이룬 사람은 자신의 능력 때문이라고 생각하지만, 크게 성공을 이룬 사람은 성공을 행운으로 받아들인다고 한다. 처음 성공한 사람은 두 번째 성공을 위해 투자와 모험을 감행한다. 반면, 크게 성공한 사람들은 성공이 반복적이지 않을 것이라고 생각한다. 나도 첫 성공에 취해 자만했었다. 또다시 성공할 것이라고 확신한 나머지 잘 살피지 않고 덤볐다. 그러다가 뜻대로 결과가 나오지 않자 실망하고 좌절했다.

둘째, 성공한 자는 선배에게 배우려 하지만, 크게 성공한 자는 후배에게 배우려 한다고 말한다. '셋이 걸어가면 그들 중 반드시 한 명의 스승이 있다'라고 말한 공자(孔子)의 말을 되새기게 하는 말이다. 나보다 어리거나 경험이 적은 사람에게도 배울 점이 있다. 사업이 잘나갈수록 교만해지는 것을 경계해야 한다.

셋째, 성공한 자는 회사를 바라보지만, 크게 성공하려는 자는 산업을 바라본다고 한다. 시야를 넓게 보고 '우물 안 개구리'가 아닌, 큰 세상을 향해 사업을 펼쳐나가길 바라본다.

넷째, 성공한 자는 경쟁자를 이기는 것에 몰두하고, 크게 성공한 자는 자신을 이기는 것에 힘을 쏟는다고 한다. 이 세상의 가장 큰 경쟁자는 자신이고, 의지가 약해질 때마다 자기부터 극복해야 한다는 것이다. '과연 내가 할 수 있을까?'라는 생각 때문에 주저했고, 의지가 약해졌던 경험이 많다. 성공을 방해하는 내면의 신념을 통제할 힘이 있어야 진정한 리더가 될 수 있다.

다섯째, 성공한 자는 자신의 능력보다 높여 살고, 더 크게 성공한 사람은 자신의 능력보다 낮추어 산다고 말한다. 대부분의 사람은 성공을 하면 자랑하고 싶어서 부풀려 포장하고 증거를 만든다. 반면, 크게 성공한 사람들은 내세우지 않고 겸손하게 관조한다. 애써 자랑하지 않아도 주변에서 저절로 알아주기 때문이다.

그의 책을 읽으며 나는 어떤 사장이었는지 자문하게 된다. 하나씩 되짚어보자.

첫째, 행운 때문이 아니고 내가 잘나서 성공을 만든 것이라고 생각했다. 다른 사람들 도움을 인정하기보다 자기 멋에 취했었고 교만했었다.

둘째, 후배에게 배우려는 마음보다 나보다 못한 사람들에게 지도 편달하려고 했다. 나를 따라 해야 성공할 수 있는 것처럼 가르치려고 했다.

셋째, 회사 하나 건사하기에 급급해했지, 산업 전반을 보는 거시적인 안목이 없었다. 아니, 거시적으로 보려는 생각조차 하지 못했다.

넷째, 자신을 이기지 못하고 돈 떼임을 핑계 삼아 술에 의존했다. 중독자로 살았고 중독에서 헤어 나오는 데 많은 시간이 걸렸다. 돌이킬 수 없는 침체기와 후퇴기를 겪었다. 망하지 않은 것이 다행일 정도였다.

다섯째, 겸손을 잃었고 작은 성공을 과대포장하고 자랑했다. 자수성가한 사람이라고 주목받고 싶어 했다. 흙수저에서 부와 성공을 거두었다고 우쭐댔다. 나중에야 글을 쓰면서 술독에서 빠져나온 것은 물론, 겸손을 잃어가는 나를 조금이나마 바로 세울 수 있었다.

누구나 중심을 잃었을 때 본래의 자리로 되돌릴 도구가 필요하다. 나의 경우는 글쓰기와 마음공부를 통해서 극복할 수 있었다. 멘토의 도움이든 또는 가족의 응원이든 반드시 곤경에서 빠져나올 수 있는 동아줄 하나 정도는 가지고 있어야 든든하지 않을까.

사장은 바둑알이 아니라 바둑을 두는 사람이다. 통제권을 가지고 지휘할 줄 알아야 한다. 지휘의 목적은 승부에서 승리하는 것이다. 비기거나 지기 위해 바둑을 두는 사람은 없다. 목표는 오직 승리뿐이다. 승부사가 되라.

이왕이면, 혼자만 이길 것이 아니라 직원과 회사 모두가 승리할 수 있는 승부사가 되어야 한다. 나와 직원, 회사가 성장해 사회에 기여할 수 있도록 총력을 기울이는 사장. 그야말로 '큰 사장'이 되라.

부록

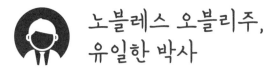

노블레스 오블리주, 유일한 박사

50대 이상의 나이에 접어든 사람이면 '우리 강산 푸르게 푸르게'라는 광고 카피를 기억할 것이다. 화장지를 만드는 유한킴벌리라는 회사의 광고였다. 이 회사는 '숲과 사람의 공존'이라는 캐치프레이즈를 걸고 국유림 나무 심기 사업을 벌였다. 전쟁 이후 벌거벗었던 우리나라 산을 다시 나무가 울창한 숲으로 만드는 데 힘썼다. 어린 시절이었지만 숲만 보여주고 제품에 대한 홍보가 없어서 상업 광고가 아닌 공익 광고라고 느꼈던 기억이 난다.

'유일한'은 유한양행, 유한킴벌리라는 기업과 유한공고를 만든 장본인이다. 기업인이 되기 이전에는 독립 운동을 했다. 평생 애국애족의 이념을 실천한 민족 운동가였다. 기업의 사회적 책임이라는 새로운 기업윤리를 심은 선각자였다. 그리고 '소유와 경영의 분리'라는 개념을 우리나라에 처음으로 도입했다.

"내가 모은 모든 재산은 여러 사람을 위하는 일에 쓰여야 합니다."
그의 유언장 내용이다. 그는 자식들에게 회사와 학교를 물려주지 않았다. 투명 경영의 상징이 되었다. '버들표'로 상징되는 유한양행의 로고는 신용의 상징이었다. 이윤을 추구하는 것보다 사회에 헌신하는 경영을 추구했다. 노블레스 오블리주를 몸소 실천했다.

그의 사후, 유한재단의 이사장을 맡았던 딸도 1991년 세상을 떠나면서 당시 돈 200억 원에 달하는 전 재산을 유한재단에 환원해 아버지의 뜻을 이었다. 그 아버지에 그 딸이었다.

그는 평양 출신으로 9살에 개신교 선교사의 권유로 미국으로 유학을 떠났다. 고국에 있는 부모의 재정적 지원이 없어 신문 배달과 구두닦이를 했다. 대학을 마치고 미국에서 식품회사를 운영하다가 고국으로 돌아와 유한양행을 설립했다. 직접 제조한 '안티푸라민'은 가정상비약이 되었다. 국내뿐만 아니라 중국과 교역을 하며 많은 재산을 모았다. 널리 알려지지 않은 사실이지만, 대통령으로부터 우리나라 최초의 상공부 장관으로 추대되었으나 고사하기도 했다.

잠시 아들에게 부사장을 맡긴 적이 있지만, 기업 경영에 대한 신념이 다른 것을 알고 미국으로 돌려보냈다. 그때부터 전문경영인에게 회사를 맡겼다. 우리나라 최초로 '종업원 지주제'를 도입했고, 전문경영인 제도를 도입했다. 제약업계 최초로 기업을 공개했으며, 제약회사 최초로 매출 1조 클럽에 가입했다. 전 재산을 환원했다는 것만으로 그를 단순 평가해서는 안 될 것이다. 한 민족 기업가의 담대한 삶과 정신을 기억해야 한다.

유일한 박사의 어록을 보면 그의 국가관을 알 수 있다.

"국가, 교육, 기업, 가정, 이 모든 것은 순위를 정하기 어려운 명제들이다. 그러나 나는 국가, 교육, 기업, 가정의 순위로 산다."

구한말, 일제 치하를 겪으며 어린 시절을 보냈고, 미국에서 고학으로 공부했다. 한인 소년병 학교에 다녔고 이승만, 서재필과 더불어 독립 운동을 했다. 그는 국가를 최우선 순위로 삼고, 목숨을 조국에 바치려는 마음을 겸비했던 애국자였다. 기업인 이전에 애국자로 그를 칭하는 것이 맞다. 돈을 벌려고 사업을 한 것이 아니고, 푸른 숲을 가진 아름답고 부강한 조국의 번영을 위해 사업을 했다고 봐야 맞을 것이다.

1971년, 그가 세상을 떠났을 때, 유한공고에서 치러진 장례식에 재학생들 손으로 만든 플래카드가 교문 위에 걸렸다. 이 글을 키보드로 타이핑하는 내 눈에 눈물이 고인다.

"할아버지, 고이 잠드소서."

삼성 공화국을 만든 이병철 회장

"우리라고 전자산업을 못 할 일이 없능기라. 삼성이 하면 다르다 카이."

이병철 회장의 전자산업 진출 결심은 요지부동이었다. 그의 오기 하나로 지금의 초격차기업이자 세계 일류기업인 삼성전자가 탄생했다. 무역업에서 출발한 삼성은 이미 제당, 모직, 비료에 진출해 있었다. 그는 전자를 시작으로 석유화학, 조선, 항공까지 원대한 꿈을 가지고 있었다. 경공업뿐만 아니라 중화학공업을 겸비한 기업집단을 만들고 싶어 했다.

그는 일제 강점기는 말할 것도 없고, 한일 국교 정상화 이전에도 일본을 제집 드나들 듯하면서 일본 경제인들과 교분을 쌓았다. 도요타나 닛산, 미쓰비시 CEO와도 친분이 있었지만, NEC(일본전기), 산요 등 전자업계 경영인들과도 흉금을 터놓고 지내는 사이였다. 자동차를 먼저 시작하자는 큰아들 이맹희의 건의를 뿌리치고 그는 전자를 선택했다.

이병철 회장은 정치 권력과 '불가근불가원' 원칙을 고수했다. 1960

년대 후반, 한국비료 밀수사건은 권력 실세들과의 관계가 얼마나 중요한지 알게 해주었다. 비료 사업의 경영권을 국가에 헌납했지만, 세무 사찰을 받았다. 당시에는, 권력에 밉보였다가 경영권을 박탈당하고 하루아침에 문을 닫는 기업들이 비일비재했다. 권력의 사슬을 피할 수 없었다. 밀수 사건으로 둘째 아들 창희를 감옥에 보내야 했다. 그럼에도 불구하고 그의 사업 욕심은 끝이 없었다. '돈병철'이라는 말이 항간에 떠돌 정도였다.

그는 평소에 저녁 식사를 마치고 TV를 시청하는 것을 즐겼다고 한다. 오락프로그램이나 버라이어티 쇼가 아닌 뉴스, 다큐멘터리 그리고 가족드라마를 봤다고 한다. 국악 듣기를 좋아했고 서예를 즐겼다. 국악의 인기가 시들해지는 것을 안타까워했다고 한다. 그 청정한 선율을 들으면, 《논어》를 읽을 때처럼 마음이 정화된다고 말하곤 했다. 그는 경거망동하지 않고 감정을 드러내는 일이 적었다. 돈병철이라는 거친 별명과 달리 외유내강형의 차분한 사람이었다. 그런 사람에게 서예나 국악은 어울리는 취미였다.

서당에 적응하지 못하는 막내아들 이병철에게 신식 교육을 권한 사람은 어머니였다. 하지만 그의 어린 시절은 부적응의 연속이었다. 부잣집 아들이었지만, 유교식 가장인 아버지와 형에게 구박받으며 열등감을 느꼈다. 보통학교 중퇴, 중학교 중퇴, 와세다대 전문부 중퇴 그야말로 '중퇴 인생'이었다. 대학에서 데모에 휘말려 유치장 신세를 지기도 했다. 룸메이트였던 친구에게 '사회주의' 학생운동을 권유받기도 했지만, 제안을 받아들이지 않았다. 부잣집 아들이었던 그가 지주계급을 적대적으로 보는 사회주의를 받아들이기는 쉽지 않았을 것이다.

대학을 중퇴하고 고향으로 돌아온 그는 노름판에 빠졌다. 허송세월하면서 독립운동을 할까, 일본 공무원이 될까, 사업을 할까 등 고뇌하는 시기를 보냈다고 자서전에 써놓았다. 20대 후반쯤, 자신에게 인생 첫 번째 각성이 왔다고 밝히고 있다. 새로운 인생을 살기로 각성했다는 것이다. 아버지에게 노름에서 벗어나 사업을 하겠다는 뜻을 밝혔다. 천석꾼 아버지에게 300석의 땅을 사업자금으로 받았다. 하지만 그것은 서울에 진출할 정도로 큰 금액은 아니었다. 마산에서 정미소를 차리는 것으로 사업을 시작했지만 실패했다. 나중에 3만 원을 들여 대구에 '삼성상회'라는 쌀가게를 열어 재기를 시도한 것이 100년 기업 '삼성'의 토대가 되었다. 지금, 쌀가게 터는 대구시가 중요유산으로 지정해 관리하고 있다.

40대의 나이에 설탕을 만들었다. 제일제당 이야기다. 제일모직이라는 회사를 만들어 '골덴텍스'라는 양복 옷감을 만들었다. 그의 손에서 여러 가지 최초의 국산 제품이 생겨났다. 제일제당은 큰아들 맹희에게 상속되어 지금 CJ그룹이 되었다. 신세계, 한솔그룹 등이 자녀들의 소유이고, 혼맥인 보광그룹(중앙일보, JTBC 등)도 삼성과 뿌리를 같이하고 있다.

'3대 가는 부자 없다'라는 옛말이 있지만, 삼성은 3세 경영에도 불구하고 여전히 한국 최대의 기업집단이다. 게다가, 10년이 걸려도 2위 회사가 1등을 따라잡을 수 없다는 세계 초격차기업을 우리나라에서 유일하게 보유하고 있다.

경남 의령에서 태어나 소심하고 부끄럼 많던 이병철이 만들어낸 오늘날의 모습이다. 물론, 선대회장의 유지를 받든 경영자 이건희 회장의 경영 감각과 이재용 부회장의 노력을 간과할 수 없다. 하지만 씨앗을 뿌린 사람은 엄연히 창업주인 이병철 회장이다. 그의 명언 몇 가지를 소개한다.

"말하는 것을 배우는 데는 2년이 걸렸지만, 말하지 않는 법을 익히는 데는 60년이 걸렸다."

"인색하지 말라. 인색한 사람에게는 돈도 야박하게 군다."

"장사꾼이 되지 말라. 경영자가 되면 보는 것이 다르다."

"못난 사람을 관찰해보면 세 부류가 있다. 첫째, 어려운 일은 안 하고 쉬운 일만 하며 권위만 찾는 사람. 둘째, 이야기를 해도 못 알아듣는 사람. 셋째, 알아듣긴 해도 실천하지 않는 사람이다."

머리맡에 두어도 손색없는 경영자의 내공이 들어 있는 글귀다.

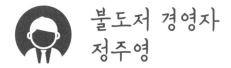 불도저 경영자
정주영

아버지에게 반항한 정주영은 네 번이나 가출을 감행했다. 소 판돈을 훔쳐 달아나 현대라는 왕국을 만든 일화는 유명하다. 당시, 정주영처럼 시골을 떠나 도시로 흘러들어 오는 사람이 1년에 6만 명이었다고 한다. '그들 중 1명이었던 소년 정주영은 이 세상에서 유일한 1명'이 되었다. 그는 무슨 생각으로 회사를 만들었을까. 그의 삶, 그의 인생을 살펴보자.

정주영은 강원도 두메산골에 배달된 신문을 읽으며 도시에 대한 정보를 얻었다. 아버지는 시대에 순응했지만, 정주영은 시대를 앞서 나갔다. 서울로 상경한 그는 초등학교 졸업이라는 자신의 학력을 부끄러워하지 않았다. 가난하고 배고팠던 어린 시절도 감추지 않았다. 막노동꾼, 엿 공장 심부름꾼, 쌀 배달원을 거치며 악착같이 모은 종잣돈으로 신당동 쌀가게 주인이 되었다. 도로에 차가 늘어나자 돈을 모아 자동차수리업에 진출했다.

어느 날, 자동차 수리대금을 받으러 관청에 갔다가 눈이 번쩍 뜨이는 광경을 목격했다. 자신은 수리비로 고작 몇백 원을 받는데, 건설업자들은 몇만 원을 받아가는 것이었다. 건설업이 돈이 된다는 것을 직감적으로 깨달았다. 1947년, 현대자동차공업사 건물 안에 '현대토건사' 간판을 걸었다.

현장을 누비는 것은 일상이었다. 현장에서 직원들과 밥 먹고 흙 묻히는 것을 부끄러워하지 않았다. 경부고속도로를 건설했고 '포드'의 하청회사로 자동차사업에 뛰어들었다. 나중에 포드사와 결별하고 국산 최초의 고유모델인 '포니' 승용차를 생산하게 되었다. 정주영은 불도저처럼 밀어붙이는 이미지가 강하다. 사람들이 불가능하다고 여기던 것을 상상력과 뚝심으로 헤쳐나갔다. 그룹 회장이 된 이후에도 현장을 헤집고 다니는 현장형 경영자였다. 하버드대 경제학자 마이클 포터(Michael Eugene Porter)는 이런 정주영의 무데뽀 스타일을 '서부 시대의 카우보이'에 비유하기도 했다.

아산 정주영은 호암 이병철과 함께 우리나라 경제의 토대를 쌓은 1세대 기업인이다. '아산'은 그가 태어난 강원도 통천군의 마을 이름이다. 그는 〈타임〉지에 '아시아의 영웅'으로 선정되기도 했다. 소 판 돈 70원을 훔쳐 가출한 정주영은 70년이 지난 1998년, 1,001마리의 소 떼를 몰고 빚을 갚기 위해 방북했다. 대북사업이 그의 손에 의해 시작되었다.

유명한 '거북선 일화'를 소개하겠다. 정주영은 조선소를 가지고 싶었다. 1971년, 정주영은 영국의 은행으로부터 4,300만 달러의 차관을 도입해 조선소를 차리려고 했다. 차관 도입을 거절당하자 은행에 영향력을 행사할 수 있는 선박회사 회장을 찾아가 도움을 청했다. 500원짜리 지폐에 그려진 거북선을 보여주며 "우리는 영국보다 300년 앞서 철갑선을 만들었다"라고 민족의 우수성을 운운하며 설득했다. 결국, 1972년 울산조선소를 착공할 수 있었다.

서산 간척 사업에서 매립에 어려움을 겪자 폐유조선 두 척을 둑으로 이용해 공사한 유명한 일화도 있다. '안 되면 되게 하라'는 게 그의 불도저식 경영의 근간이었다. 하지만 정치에 뜻을 두었던 말년의 행보는 논하지 않겠다. 120살까지 살 거라고 공언했던 그도 2001년, 85살을 일기로 생을 마쳤다. '범현대가'라는 말이 있다. 동생들이 소유한 HL(한라), KCC, HDC, 현대성우가 있고, 자식들에게 물려준 많은 현대 브랜드를 쓰는 그룹이 있다. 현대그룹, 현대차그룹, 현대백화점그룹, HD현대그룹(현대중공업), 현대해상 등이다.

사장에게 본보기가 될 만한 정주영의 명언을 소개해본다.

"사업으로 망하면 다시 일어설 수 있지만, 인간은 한번 신용을 잃으면 그것으로 끝이다."

"길이 없으면 길을 찾아야 하며, 찾아도 없으면 길을 닦아나가야 한다."

"고정관념이 사람을 멍청이로 만든다."

"기업가는 이익을 남겨 소득과 고용을 창출하는 사람이다. 국가를 위해 또는 사회를 위해 거저 돈을 퍼 넣는 자선사업가가 아니다."

사업은 사람이 전부다, '사람 경영자' 마쓰시타 고노스케

오사카를 '일본의 부엌'이라고 부른다. 오사카는 일본 상업의 중심지로 100년 넘은 점포가 500개가 넘는다. '베니스상인', '개성상인'처럼 '오사카의 상인'이란 말이 있다. 장사 기질이 강한 도시라는 뜻이다. 이 오사카가 마쓰시타의 주된 활동무대였다.

1894년, 그는 3남 5녀의 막내로 태어났다. 당시, 일본은 청일전쟁에서 승리한 기쁨에 고무되어 있었다. 중국을 넘어서지 못할 대국이라고 생각했지만, 결국 승리했다. 개화된 서양 문물을 빨리 받아들인 덕분이라고 생각했다. 일본 전역에 자본주의 시스템이 도입되었다. 미곡거래소도 설치되었다. 쌀의 시세에 돈을 거는 일종의 선물거래인 '미두 사업'이 성행하게 되었다. 농사에 흥미를 느끼지 못하던 마쓰시타의 아버지가 미두 사업에 손을 댔다. 도박을 건 투자는 가옥과 전 재산을 잃게 했다. 넉넉했던 집안 형편이 나락으로 떨어졌다.

9살, 어린 막내였던 마쓰시타는 초등학교도 마치지 못한 채 오사카로 건너와 화로 가게 주인집 아들을 돌보는 일을 해야 했다. 신문팔이,

구두닦이, 자전거 가게 점원 등을 전전했다.

1903년, 오사카에 전차가 생겼다. 편리한 전차를 보고 놀란 마쓰시타는 자전거의 수요가 줄어들 것을 예측했다. 자전거 가게 점원을 그만두고, 오사카 전등 회사에 들어갔다. 전기의 시대가 올 거라고 생각했기 때문이었다. 나중에 회사를 그만두고 플러그와 포켓을 만드는 사업을 시작했고, 이 회사는 마쓰시타 전기가 되었다. 이 회사의 '나쇼날', '파나소닉' 브랜드는 우리에게도 익숙하다.

그는 10대에 6명의 형제와 아버지를 잃고 어머니와 누나, 매형과 오사카에서 거주했다. 20살, 중매로 결혼을 했다. 회사를 그만두고 셋집을 개조해 공장을 마련했고 개량소켓을 만들기 시작했다. 하지만 참담하게 실패했다. 소켓 제작은 실패로 돌아갔지만, 그 과정에서 들인 노력이 그를 돕게 된다. 그의 기술을 높이 산 선풍기회사로부터 만들기 까다로운 부품 제작을 주문받게 된 것이었다. 1918년, 오사카의 이층집에 간판을 건다. '마쓰시타 전기기구 제작소'. 100년 기업 '마쓰시타 전기'는 이렇게 태어났다.

일본 특유의 종신고용제를 만든 사람이자 주 5일 근무를 처음으로 도입한 사람도 '그'다. "앞으로 큰일을 하는 데 중요한 자산은 직원이다. 공장은 자금만 조달하면 늘릴 수 있지만, 인재는 돈으로 살 수 없다"라며 그는 사람을 회사의 가장 중요한 자산으로 봤다.

사람경영론을 펼치던 그에게도 시련의 경험이 있었다. 창업 초기,

소켓을 만들던 때부터 함께해온 처남이 반기를 들고 '산요(SANYO)'라는 회사를 차렸다. 마쓰시타는 그를 협력자로 봤고 동업자로 보지 않았다. 반면 처남 '이우에'는 스스로를 매형의 동업자로 여기고 있었다. 이렇게 결별한 매형과 처남은 경쟁자가 되었다.

마쓰시타와 산요의 세탁기 전쟁은 유명한 일화다. 마쓰시타 전기가 세탁기를 최초로 만들어 백화점에 납품했다. 하지만 값이 비싸 일반인에게는 그림의 떡이었다. 나중에 산요가 반 가격에 세탁기를 팔면서 시장에서 경쟁하게 된다. 사업을 하면 흔히 일어나는 산업 전쟁이지만, 매형과 처남의 전쟁, 창업 공신의 반란 전쟁이라는 시각 때문에 주목받았다.

마쓰시타는 기업가가 하지 말아야 할 것으로 다음 세 가지를 강조한다. 첫째, 여러 가지 사업을 벌이지 말 것, 둘째, 탈세하지 말 것, 셋째, 부동산 투기를 하지 말 것. 한 우물을 파는 그의 경영이념이 엿보인다.

나중에 그는 전문경영인에게 회사를 물려준다. 딸 하나만 두었던 그도 사위를 고르는 데 공을 들였다. 하지만 그의 최종 선택은 전문경영인이었다. 고졸 출신에 현장 경험으로 뼈가 굵은 야마시타(山下)를 골랐다. 보잘것없는 스펙의 소유자였지만 현장을 아는 경영자였다.

"회장님은 어떻게 이런 성공을 거둘 수 있었습니까?"

한 직원이 물었다.

"첫째, 나는 가난 속에서 태어났기 때문에 어릴 때부터 구두닦이, 신문팔이 등 많은 세상 경험을 쌓을 수 있었다. 둘째, 약하게 태어났기 때문에 건강의 소중함을 일찍 깨달아 몸을 아끼며 건강하려고 힘썼다. 그래서 늙어서도 건강할 수 있었다. 셋째, 초등학교 4학년 때, 중퇴했기 때문에 이 세상 모든 사람을 나의 스승으로 받들어 배우는 데 노력했고, 많은 지식과 상식을 얻을 수 있었다. 나를 이만큼 성장시키기 위해 하늘이 불행한 환경을 내준 것이라고 생각하며 감사하고 있다."

익을수록 고개를 숙이는 벼처럼 겸손한 마음이 담긴 명언이다.

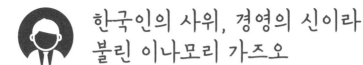

한국인의 사위, 경영의 신이라 불린 이나모리 가즈오

 닌텐도라는 세계적인 게임 소프트웨어 회사가 있다. 혹시, 이 회사의 전신이 무엇인지 아는가? 닌텐도는 원래 화투를 만들던 회사였다. 사양산업에서 사업 아이템을 변신해 대박 난 사례다. 전자제품 소재업으로 유명한 교세라 그룹도 원래는 세라믹 제품을 만들다가 사업 변신에 성공했다. 지금도 세라믹 칼이 고가에 팔린다. 이 교세라의 회장이 '아메바 경영'으로 유명한 이나모리 가즈오다. 원예육종학자 우장춘 박사의 사위다. 작년에 90살을 일기로 세상을 떠났다.

 '일본의 잃어버린 10년'(1991~2002년)이라고 불리는 시기가 있다. 이 시기에 '교토 기업'들이 경제 무대 전면에 대거 등장한다. 교토에 기반을 둔 교세라, 일본전산, 무라타, 유니클로 등이다. 소니가 이끌어온 도쿄 기업보다 2배 이상 성장했고, 4배 이상 이익률이 높았다. 교토에는 지금도 장수 기업(가게)이 많다. 떡, 부채, 술을 제조하는 수백 년 된 기업이 즐비하다. 교토 기업의 특징은 장인들이 뿌리내린 기업이 많다는 것이다. 교토는 유난히 반골 기질이 강한 지역이다. 도쿠가와 이에야스(德川家康)의 정치무대, 일본의 영원한 수도는 교토라는 자부심이 강하다. '도쿄 촌놈'이라는 말을 하는 사람들이 아직도 많다.

초등학교 때부터 이나모리의 학업 성적은 신통치 않았다. 고등학교에 들어가 야구에 빠져들었지만, 쌀 행상을 하던 어머니에게 공부하라는 핀잔을 들은 후 야구를 그만두었다. 고등학교에 다니면서 종이봉투 장사를 시작했다. 집에서 만든 봉투를 자전거에 싣고 시내의 상점들을 찾아다니며 팔았다. 명문대에 도전했지만 실패하고 지방대인 가고시마대학에 들어가게 되었다. 대학을 마치고 취업 문을 두드렸지만, 받아주는 회사가 없었다. 지방대 출신이라 큰 회사에서 거들떠보지 않았다. 첫 직장은 교토 변두리에 있는 '쇼후공업'이었다. 월급날이 되어도 월급이 나오지 않자 직원들이 파업을 벌였다. 그는 파업에 불참하고 생산을 계속했고, 회사의 앞잡이라는 비난을 받기도 했다.

같은 회사에 다니던 8명이 이나모리의 신혼집에 모였다. 새끼손가락을 칼로 베어 함께하기로 피로 맹세하고, 교토세라믹이라는 회사를 창업했다. 3년 후, 현장 직원들이 그를 찾아와 종이를 내밀었다. '정기 승급과 임금을 보장하라'는 내용이었다. 자신이 사는 두 칸짜리 주택으로 그들을 데리고 갔다. 직원들과 마라톤 회의가 이루어졌다. 사흘 밤낮을 대화했고 마지막 직원까지 설득하는 데 성공했다.

"기술자로서 낭만을 좇기 위한 경영을 계속한다면, 성공하더라도 직원의 희생을 짓밟고 꽃을 피운 것밖에 되지 않는다. 회사 경영의 기본은 그 가족의 미래를 지켜주고, 모든 사람의 행복을 추구하는 데 있다."

이렇게 직원 모두를 파트너로 보는 '아메바 경영'이 회의를 통해 시작되었다.

일본에서 '경영의 신'으로 불리는 두 사람인 이나모리 가즈오와 마쓰시타 고노스케는 각각 '아메바 경영론'과 '댐 경영론'을 경영철학으로 주장했다. 마쓰시타는 "신규 사업에 진출할 때, 1억 엔의 돈이 필요하다면 1억 2,000만 엔의 돈을 준비하라"는 '댐 경영론'을 주장했다. 이나모리는 중소기업에 맞지 않는 이론이라고 정면으로 반론하며 '아메바 경영론'을 주창했다.

아메바는 0.2㎜ 크기에 불과한 단세포동물이다. 환경에 재빨리 적응해야 생존할 수 있다. 이나모리는 아메바의 생존 원리를 경영에 도입했다. 공정별·제품별로 조직을 나누고, 다시 더 작은 조직으로 세분하기 시작했다. 그리고 조직마다 중소기업처럼 운영할 수 있게 해주는 독립채산제 경영을 도입했다. 작은 조직마다 생산성이 올라갔고, 적자 없는 회사가 만들어졌다. 사람들을 사원으로 일하게 하는 것이 아니라 작은 조직의 CEO로 일하게 하는 것이 아메바 경영의 본질이었다.

"우리 회사는 경마 경기에서 좋은 성적을 올린 말과 같다. 주주들은 그 말이 꼭 우승하리라는 믿음으로 마권을 산 사람들이다. 우리는 계속 이기지 않으면 안 되는 피할 수 없는 운명을 맞은 것이다."

그는 위대한 경영자였고 한국인의 사위였으며, 일본인이 존경하는 '경영의 신'이 되었다.

나가는 글

　사장으로 겪은 경험을 진솔하게 담아내고 싶었습니다. 특히, 사장의 감정에 대해 자세하게 언급하고 싶었습니다. 경험을 털어놓고 어려움을 해결하는 비법을 제시하고 싶었습니다. 저는 대기업의 전문경영인이 아닙니다. 중소기업 오너 사장으로서 작은 회사나 자영업을 하는 사장들에게 길라잡이가 되는 책을 쓰려고 했습니다.

　하지만 초보 작가로서 유려한 글솜씨가 없습니다. 잘 묘사하고 표현하는 데 서툰 점이 많다는 것을 인정합니다. 글이 투박하고 두서가 없어도 솔직한 저의 고백이니 너그러운 마음으로 읽어주시기를 바랍니다.

　사장이 되었다고 주인 행세하려고 한 적이 많았습니다. 인정받고 싶었습니다. 교만해지는 스스로를 알아차리지 못했습니다. 그리고 어쩌다 보니 이미 오만한 꼰대가 되어 있었습니다.

　사장을 하고 싶어 하는 사람이 많습니다. 이유는 무엇일까요? 명예나 자존감을 추구하는 사람도 있겠지만, 돈을 벌고 싶은 사람들이 더 많을 것입니다. 돈은 누구에게나 중요한 가치이기 때문입니다.

가난한 사람은 돈을 아까워하지만, 부자는 시간을 아까워한다고 합니다. 시간의 가치를 돈의 가치보다 크게 느끼는 사람은 부자가 될 가능성이 큽니다. 저도 시간이 돈보다 소중하다는 것을 안 지 얼마 되지 않습니다. 중독자로 술에 취해 무기력하게 버린 시간이 얼마나 아까운지 새삼 느끼며 살아가고 있습니다. 버린 시간을 복구하려면 남은 인생을 두 배로 노력하며 살아야겠다고 다짐합니다.

정도, 열정, 배려라는 사훈으로 21년간 사업을 했습니다. 사훈을 벽에 걸어 두었지만, 사훈대로 살아오지 못했습니다. 정도에 벗어나 편법을 일삼았고, 열정은커녕 술독에 빠져 눈의 초점을 잃었습니다. 직원과 고객을 배려하기보다는 훈계하고 내 이익을 앞세우는 일이 많았습니다.

가장 소중한 제 자식들에게 잔소리하는 내용을 적어봅니다.
1. 빚보증을 서거나 집을 담보해주지 마라.
2. 사업을 하더라도 샐러리맨 경험을 충분히 쌓고 시작하라.
3. 어느 정도 자리를 잡을 때까지 배우자와 맞벌이하라.
4. 자신을 알리는 소비는 쩨쩨하게 하지 마라(특히, 패션과 책 소비).
5. 인문학, 특히 역사책을 읽어라.
6. 사진 찍는 여행 말고, 그 사람들 문화를 공부하는 여행을 다녀라.

사업하는 게 힘들고 혼자 결정하는 게 두렵다고 푸념했습니다. 아내를 비롯해 응원을 아끼지 않는 좋은 사람들이 주변에 많습니다. 이제는 불평불만을 줄이려고 합니다. 남을 탓하고 자신을 과시하는 마음을 줄이려고 합니다.

자기 자리에서 본분을 다하는 사람에게는 기회가 옵니다. 기회를 기회인 줄 모르고 지나가면 안 됩니다. 사장이라면 다각도로 사고하면서 면밀히 검토해야 합니다. 나는 재수가 없고, 남은 운이 좋다는 하소연은 자존감만 떨어뜨릴 뿐입니다. 시쳇말로 '포텐 터지는 멋진 사장'이 되길 바라봅니다.

얼마 전, 드라마 〈대행사〉 11회에 공감되는 대사가 있었습니다. 그룹의 왕(王)회장인 강근철(전국환 분)이 동네 가게 크림빵을 사서 방문한 고아인(이보영 분) 상무에게 하는 대사입니다. 이 빵은 강 회장이 역동적으로 일하던 젊은 시절, 회의를 하며 즐겨 먹던 간식이었습니다.

"사람들은 상대가 원하는 게 아니라 자기가 생색낼 수 있는 것을 선물한다. 그래야 자기가 원하는 걸 상대에게 받아낼 수 있다고 착각하니까. 상대가 원하는 게 뭔지 그거 하나에 집중하라. 그럼 나머지는 저절로 해결된다."

비록 값싼 빵에 불과하지만, 그 시절을 그리워하는 왕회장의 마음을 얻게 됩니다. 상대의 마음을 읽는 사람이 되면 거저 얻을 수 있는 게 많아집니다. 4차 산업혁명 시대가 온다고 해도 사람의 마음을 움직이는 키워드는 감동일 것입니다.

몇 달 전에 챗 GPT라는 인공지능 대화형 프로그램이 나타나 세상을 뜨겁게 달구었습니다. 구글이 끝장났다느니, 검색의 시대는 사라질 것이라고 합니다. 프로그램을 사용해본 사람들이 '사람과 대화하는 것 같았다'라고 평했다고 합니다. AI 시대가 성큼 다가오고 있습니다. 걱정과 우려도 큽니다. 저는 실제로 챗 GPT를 사용해보지는 못했습니다. 온라인 강의를 통해 강사가 프로그램을 시연하는 것을 흥미롭게 바라본 것에 불과합니다.

챗 GPT가 나오자 "이런 직업은 끝났다", "암기를 잘하는 사람들의 시대는 갔다"라고 말하는 사람이 생겼습니다. 지금의 내 직업이 없어지는 것은 아닌지, 미래를 어떻게 살아야 잘 사는 것인지 걱정하는 사람도 늘었습니다. 하지만 5%에 해당하는 이른바 성공하는 사람들의 생각은 다릅니다. 앞으로는 '이런 직업이 뜰 것이다', '세상이 흥미로워질 것이다'라고 생각합니다. 위기를 기회로 바꿀 수 있는 사람이 성공합니다.

독자 여러분들도 창의적으로 생각하면서 세상의 변화를 즐기시기를 바랍니다. 5% 성공하는 사람들의 무리 속으로 들어오시기를 바랍니다. 밥상이 차려지기를 기다리지 말고, 직접 밥상을 차리는 선구자가 되시기를 바랍니다.

김성호 작가의 《일본전산 이야기》에 나오는 일본전산이라는 회사의 경영이념을 인용해보려고 합니다. 이 책에서는 이런 사람은 회사에 쓸모없는 사람이니 내보내라고 합니다. 사장이라면 되새겨볼 만한 내용입니다.

1. 혼을 내도 화내지 않고 태연한 사람

2. 사생활을 노출하지 않는 사람

3. 화를 내지 않는 사람

4. 말을 꺼내기가 무섭게 남에게 책임을 전가하는 사람

5. 습관적으로 불평불만 하면서 다른 사람에게 감정을 전염시키는 사람

부록으로 작고한 경영자의 이야기도 담았습니다. 기부의 아이콘 유일한 박사와 우리나라 1세대 기업인 이병철, 정주영 회장, 그리고 일본에서 경영의 신으로 불리는 마쓰시타 고노스케, 이나모리 가즈오 다섯 분입니다.

작가는 꺼내기 어려운 흑역사라고 하더라도 솔직하게 본인의 경험을 독자들에게 메시지로 전하는 사람이라는 가르침을 주신 '자이언트 북컨설팅' 이은대 선생님과 글을 쓰는 동안에도 묵묵히 회사 일을 챙겨준 최홍석 CEO, 이정숙 COO, 두 임원에게도 감사의 말을 전합니다.

아직도 교만의 싹이 남아 있습니다. 비교하고 판단하는 잣대도 가지고 있습니다. 배려하는 마음도 부족합니다. 하지만 글을 쓰면서 나쁜 마음의 싹을 잘라내고 조금씩 옳은 어른이 되려고 노력하겠습니다.

남을 이롭게 하며 이타적으로 사는 사장이 되는 날까지 더욱 정진하겠습니다.

'수호자의 가슴'으로.

사장을 꿈꾸는 당신에게
이용기의 사장수업

제1판 1쇄 2023년 6월 29일

지은이　이용기
펴낸이　최경선　**펴낸곳**　매경출판(주)
기획제작　㈜두드림미디어
책임편집　최윤경, 배성분　**디자인**　얼앤똘비악earl_tolbiac@naver.com
마케팅　김성현, 한동우, 구민지

매경출판㈜
등록 2003년 4월 24일(No. 2-3759)
주소 (04557) 서울시 중구 충무로 2(필동1가) 매일경제 별관 2층 매경출판㈜
홈페이지 www.mkbook.co.kr
전화 02)333-3577
이메일 dodreamedia@naver.com(원고 투고 및 출판 관련 문의)
인쇄·제본 ㈜M-print　031)8071-0961
ISBN 979-11-6484-573-6 (03320)

**책 내용에 관한 궁금증은 표지 앞날개에 있는 저자의 이메일이나
저자의 각종 SNS 연락처로 문의해주시길 바랍니다.**